落蒂小品集

落蒂 著

文學叢刊
文史哲出版社印行

國家圖書館出版品預行編目資料

落蒂小品集 / 落蒂著, -- 初版 -- 臺北市：
文史哲, 民 102.12
頁; 公分（文學叢刊；309）
ISBN 978-986-314-159-4（平裝）

855　　　　　　　　　　102026806

文學叢刊 309

落蒂小品集

著　者：落　蒂
出版者：文史哲出版社
http:// www.lapen.com.tw
e-mail:lapen@ms74.hinet.net
登記證字號：行政院新聞局版臺業字五三三七號
發行人：彭正雄
發行所：文史哲出版社
印刷者：文史哲出版社
臺北市羅斯福路一段七十二巷四號
郵政劃撥帳號：一六一八〇一七五
電話886-2-23511028・傳真886-2-23965656

定價新臺幣三四〇元

中華民國一〇二年（2013）十二月初版

ISBN 978-986-314-159-4　　09309

前言

記得寒冷的冬天才剛過，怎麼一下子就炎熱了起來？在酷熱的天氣裡，校對自己近十年來所寫的小品短文，心情竟然也煩燥不安起來。

原來，近十年來不論世界或台灣，都不怎麼平靜。天災人禍不斷，貧富對立，思想各趨極端。世界各地隨時都有恐怖攻擊的危險。海關機場安檢特別嚴格。在這種情況下，心情每日隨閱歷而變化。於是，一篇篇有感而作的短文，應運而生。它們並沒有被發表的想法。

直到替泰國《世界日報》副刊——湄南河，寫泰印華人、新詩點評，報社希望提供另外一些自己的作品與文友們交流，才想到要寄出去發表。在泰副發表之前，先寄了幾則給聯副和《創世紀詩雜誌》先刊，其中〈白髮〉乙文更蒙中華民國筆會翻成英文，刊在會刊《當代台灣文學英譯》裡，因此覺得這些作品可以通過檢驗，乃勇敢的送出去發表。

後來泰國《世界日報》副刊編輯改組，賞析和短文同時停止刊出。賞析當然不再寫，但已刊出的賞析就整理出版了一本《六行寫天地——泰印華人新詩美學》。而短文就一直放在抽屜裡。

有一次突然心血來潮，寄了幾篇短文給華副主編羊憶玫小姐，意外竟承她邀約，開了一個專欄「讀星樓小品」。登了一年，仍未刊完。最近整理出版舊作，把這些已發表或未發表的，都一起請我的同學劉冬龍老師幫忙打字做成光碟交文史哲老闆彭先生幫忙排版。初稿樣張出來，竟也有兩百頁左右，可以成書矣，十分欣慰。

另外我參加文學活動若有留下記錄的，也都收存在這些短文的後面，供做參考。心中頗覺可惜的是，我參加文學活動甚多，卻只留下這麼幾篇短文記錄。將來若再參加詩會、文學會議，千萬不要再懶散，務必要求自己一定要寫下參與情形及感想，以免日後追記時，大部份都忘光光了。

書將出版的時候，心中充滿感謝，感謝中時、自由、聯合等副刊，選刊了部份未刊作品。多年來我的好友劉冬龍老師都義務幫我打字校稿，文史哲彭老闆更是不辭辛勞，親自幫我排版、設計封面。還有許多好友、同窗慷慨解囊贊助出版費。這些，就只有在這裡致上最誠摯的謝意了。

落蒂小品集

目 次

1. 鐘聲

噹！噹！噹！噹！噹！鐘聲響了。

我從座椅上站了起來，伸長兩隻手，變成翅膀，伸長兩隻腳，也變成翅膀。然後飛了起來，然後在藍天中盡情飛翔。

「你是先天成骨不全症患者，手不要用力伸展，腳不要跨出座位，同學們要保持距離以策安全！」老師關懷的說。遠遠伸出關懷的手，冷冷的，嚴肅的說出關懷的話。

「你亂講，我不但能跑，而且能跳，甚至能飛！你們看過中央山脈嗎？大武山、八通關古道、南橫、中橫、北橫的米芾狂草？。哈！哈！你們是井底之蛙。」我內心吶喊著。

「不要哭嘛！幹嘛伏在桌上，淚水都快溶掉桌面了！」一個有著一頭如瀑布長髮的女孩，天真的走過來。

「不要靠近他，如果他的頭殼破裂，如果他的四肢碎裂，如果他的骨骼斷裂，我們負擔不起巨額賠償！」在家的母親，以傳音入密的功夫，小心的叮嚀小女孩。

老師拿者教科書教我們天山、秦嶺、喜馬拉雅山。我真的很高興，真的飛起來了，飛過秦嶺、飛過天山、飛過喜馬拉雅山。可是，正飛翔之間，我看見一片白，一片雪白，老師說是長白山，是西伯利亞，是北極冰原。我突然好冷，四肢凍僵，直接往下墜落。

噹！噹！噹！噹！噹！鐘聲又響了。那是極為緊急的救護車的鐘聲。

原載95、1、25世界副刊
再刊96、6、28中華副刊

2. 腳踏車

我拚命的用力踩著腳踏車，踏過公園的小小步道，踩過市街中心熱鬧的人群。心中渴望，大聲呼喊萬歲，終於騎上腳踏車，遨遊想像的世界。

「阿英，不要老是搖動爸爸的腳踏車腳踏仔，我已經換掉三個腳踏車腳踏板了！」爸爸仁慈的撫摸我的頭，我抬頭仰望他沒有面孔的臉。

「我不能騎腳踏車，怎麼連玩玩腳踏板都不行嗎？」那沒有面孔的臉，突然長出老虎的鬚，大熊的牙，猩猩的眼。「你扶著我在花園繞一圈好嗎？」我幾近哀求。

於是，父親扶著我在花園騎腳踏車。

於是，我們繞了一圈又一圈，一年又一年。直到父親繞進了一坏黃土。只好，我在家又自己摸腳踏車板，想像著父親牽著我和腳踏車繞過大街小巷。許多小孩子紛紛驚叫：「瞎眼的小女孩，也會騎腳踏車！」

就這樣在家裡面摸著腳踏車，我聽見車輪轉動的聲音，越來越大，越來越嘎嘎作響。直到有一年，電視機傳來播報新聞：「瞎眼婦人在馬路上騎腳踏車，不小心被公車撞斃！」

之後，嘎嘎作響的車輪聲終於停止了。我衹聽到自己的大喊：「你們永遠不知道，我多麼渴望理解一首現代詩，一幅現代畫，一曲現代音樂。」

原載95、1、25世界副刊
再刊96、6、28中華副刊

3. 窗

我沿著房屋的牆邊開了一扇窗，從窗子看出去，許多許多的事件丟了進來，我的鄰居沿著我開的窗，砌了一堵高牆，並且狠狠的乾笑兩聲。

被牆困住的窗，什麼事也發生不了，只好，再往前挪了一下，又開了一扇窗。開了一扇窗的牆壁，竟然像液晶電視牆。而我可惡的鄰居，又再度沿著原來的牆，再把牆砌了一段，仍然是狠狠的乾笑兩聲。

我一氣之下，又再開了一扇窗；我的鄰居仍然不甘示弱，又砌了一堵牆。直到我沒有地方開窗，他沒有地方砌牆，我不再開窗，他不再乾笑。

早報某日竟然以頭條報導，某要員竟然因油漆事件黯然下台。我想起了我的窗，也想起了鄰居的牆。

原載95、1、4聯合副刊

4. 畫展

有一位畫家，在用心揣摩了畢卡索的畫多年後，展出了一幅畫，整個展覽場就只有這麼一幅畫。觀眾絡繹不絕，佩服讚嘆之聲不絕於耳。

畫家側耳傾聽，竟然是：「怎麼拿一幅畢卡索的畫來展覽，也不做一點廣告，否則門票收入一定不少。」畫家不知道要高興或傷心。

第二天一大早，參觀的人們，竟然發現畫家上吊在畫作前，胸前寫著：「我不是畢卡索。」

原載95、1、25世界副刊
再刊96、9、7中華副刊

5. 手機

公園裡各色各樣的花都開了，有引人注意的大紅花，有不起眼的小白碎花。許多人沿著公園的小徑漫步或急走，有人配帶手機，有人接聽手機，也形成各式各樣的花朵。

只有一排輪椅，支撐著幾朵快要凋萎的花，有垂頭的，有閉眼的，更有趴著的，彷佛荒蕪的花園。每次走過，都會憐惜的多看兩眼。每次都看到其中一朵最憔悴的花，以顫抖的手握著手機講話。

「小翠，我真的不知道怎麼會離開妳！」好像都是同樣這麼一句話，講了好久好久。

人們問照顧的看護工，看護工只在頭的右側用手指轉了幾圈，說：「那是一支玩具手機。」好像在說那人有些阿達。

每一次都看到相同的場景，聽到相同的一句話，久了，就忽視他的存在。但某日在夕陽餘暉中，我竟聽到一句：「小翠，我一定會回到妳身邊。」

原載95、1、25世界副刊

6. 瘋 婦

一個被世人遺忘的瘋的婦人，被關在一個只有一位病人的療養院。一個記者不辭辛苦，千方百計的想前往探視訪問。

看護工說：「這個地方只有一個出入口，我們在這裡阻擋任何人進去探望，尤其是記者。」

「我不是記者，我是親友」。

「那更不可以。誰叫他毀謗我們的國王」。

「怎麼個毀謗法？」

「不可以說啦！反正就在國王接受國人歡呼的時候，瘋婦突然說了一些不該說的話。」

「說了什麼？」

「走啦！走啦！再囉嗦下去，連你也變成瘋子關起來！」

我沒見到瘋婦，任何人也沒有。但，我快要瘋了！

原載95、1、25世界副刊

7. 姊妹

傑西和葛瑞絲結婚的時候，傑西一直暗暗為自己得到一個優雅、文靜、冰晶玉潔、出塵飄逸的女子而欣喜。初夜，葛瑞絲不准傑西靠近的驚恐表情，更讓傑西體諒而深愛。

之後，傑西常被警察局通知領回葛瑞絲，只因她常謊報家裡發生凶殺案。

之後，葛瑞絲被送到精神分裂療養院，傑西還是一直不斷前往探望。每次葛瑞絲都十分驚恐大喊且指著療養院的院子一棵大樹説：「那裡有血，殺人！殺人！」。

之後，葛瑞絲還是喊有血，殺人！只偶而加一句：「妹妹沒有殺人！」

傑西多方打聽，只知道葛瑞絲妹妹曾被懷疑反抗暴力性侵殺人，在仁愛鄉吊橋投水自殺……。

傑西還是深愛著葛瑞絲的文雅脫俗，甚至深愛她驚恐的表情，一直不斷探望。只是在靜寂的深夜，就會在耳畔響起：「妹妹沒有殺人！妹妹沒有殺人。」

連晚風也在嘶吼：「妹妹沒有殺人。」

連仁愛鄉吊橋下的流水也在滔滔不絕嗚咽：「妹妹沒有殺人！」

原載95、2、10世界副刊

8. 男人和女人

男人說：「我是大船，心須航向遼闊的大海，經歷險惡的風浪。」

女人淡淡一笑：「啊！哈！別扯了，只有我這麼大的港，才足以讓你返航，進來躲避不可預知的危險。」

男人：「我是高山，要向變幻莫測的太空探險，我的脖子不是越拉越長了嗎？」

女人：「你只有在我的框框中，才顯得風景美麗，也才顯出俊拔英挺。」

男人要再說時，女人突然轉身離去，沒入夜色之中，沒有回頭。

原載96、2、10世界副刊
再刊96、7、19中華副刊

9. 背影

每次在夕陽的餘暉中，看到退休校長落寞孤獨的背影，總是感到生命莫可奈何的蒼涼。

某日在前往養護中心探視母親的電梯上，遇到也是前往探視尊親的家屬，臉上露出一幅幅嚴肅綳緊的神情，而躺在病床上的病人，不論是巨賈、高官、將軍、大作家……都插著鼻胃管，什麼背影也沒有。

我輕輕的嘆了一口氣，對著夕陽，不，對著已漸漸高升的月亮說：「有背影還是好的。」

原載95、1、4聯合副刊

10. 麻雀

我正在課堂上賣力的講解老鷹的生態以及飛翔時，一隻麻雀飛了進來，停在垂掛的日光燈管上。

學生看到這一幕，一起從課文中抬起頭，望向停止不動，四處張望的麻雀，並且發出一片巨大的喧嘩聲。

麻雀受驚飛起，四處尋找出口，而且越飛越快，越飛越急，彷佛有一雙老鷹從我的課文中飛出，衝向麻雀。

麻雀拚命飛奔，左衝右突，終於撞向透明發亮的玻璃，瞬間墜落，口吐鮮血。

我俯身拾起麻雀，發現牠已死亡，禁不住流下了淚，學生也看呆了。

「我明白了，為什麼許多哲人像飛蛾撲火，殉身在正義公理的光明假像中，如同麻雀撞死在發亮的玻璃前。」

學生不懂我在說些什麼，我們依然回到鷹揚的課文中，好像什麼事也沒有發生。

原載95、2、10世界副刊
再刊96、7、19中華副刊

11. 輸血

一位輸血者看著血液從自己的身體中流出，即將裝滿一袋救人的血，內心突然無限興奮。工作人員在他獨自淘醉中輕拍了他一下：「好了！」輸血者從幻夢中驚醒過來，逕自說了一句：「這一袋血，真的能助人嗎？我已經捐了不知多少年了，到底助了多少人？」

一位作家，也是詩人，正埋首在稿紙上書寫，不，應該說輸血，血液正一點一滴從他的筆管中流出，沾滿整張稿紙：「我也不知有沒有幫助到多少人！」

原載96、2、10世界副刊
再刊96、7、19中華副刊

12. 考古人類學

一位考古人類學者，搜集各種考古書籍，潛心研究，又帶著一批學生到處尋找有文化遺產的地點挖掘，已然型塑了這一門學術的權威。

他用心的描下各種古物的圖案，研究它們的外形、質料特徵，慢慢解構了其中的要領，自己製造出了不少古物。他帶著自己的一批學生，尋找容易發現遠古或不知幾千萬年前的古中之古的地方，偷偷的埋下。

「我的學生們，你們知道，等我死後，你們再帶著學生來挖掘，那時我將再生。」

一道斜陽從研究室的窗帘中透了進來，照在這位考古人類學者的臉上，是何等的躊躇滿志。

原載96、2、10世界副刊
再刊96、9、7中華副刊

13. 名作家

一位過世多年的名作家的名氣是在死後才被眾人知道的，而且競相影印，出版他沒有版權的作品。

某日這位作家把一支枯黃的野草伸出向牧羊的孩子打招呼：「他（她）們不該千方百計把我寫在日記中的作品拿出去發表，我不喜歡一稿兩投。」

「我不喜歡那些作品，尤其出版與我心志不合。」牧童仍然吹著哨子。

「這違反了我不求名，不求利，不願世人知道我的個性。」牧童逕自吹著口哨。

牧童左看看右看看，風停了，不再吹蘆笛、口哨，翻開一本已故某名家的作品集，上面有作家的紀念館，有遺物展覽照片，只是大家都不知道作家葬在那裡。

「真可惜，這本暢銷書如果生前出版，他可以買好多好多的羊。」牧童放下書本，拔掉了墓前的那支野草，趕著羊，不解的搖著頭回家。

原載96、2、10世界副刊
再刊96、9、7中華副刊

14. 詩人

我告訴我的朋友：我是詩人？他們以懷疑的眼光看我；我告訴我的親人：我是詩人，他們也以懷疑的眼光看我。

所有的疑問都是：為什麼最有名的雜誌、詩刊、副刊都見不到的我作品？我羞愧得無言以對，只好向鎖住版面的詩人拜託，向主持刊物的主編拜託。

最後不得已，我買了一份報紙，看到一首好詩，把名字用自己的名字蓋上，然後影印一千份，一萬分寄給親朋好友，張貼在廣告公佈欄上，我流著淚說：「我終於是詩人了！我終於是詩人了！」。

原載96、2、10世界副刊
再刊96、9、7中華副刊

15. 貓

一隻貓每晚以淒厲的叫春聲，讓我心神不寧。

某日陽光正暖和，一隻貓陪伴著女主人正在晒太陽。我從陽台看過去，牠正舒舒服服的躺在女主人的懷中。女主人半瞇著眼，一付慵懶的神情。

突然那隻貓從女主人的懷中躍起，跳過陽台，直奔入我的耳朵，匆忙間，我抓住牠的尾巴，但沒握好，牠已迅速鑽入我的腦袋。

從此，每當我躺下，總會有叫春的貓，在我腦中喵喵叫，醫生也束手無策。

原載95、3創世紀詩雜誌146期
再刊95、4、13世界副刊
三刊96、8、10中華副刊

16. 退休教師

我發現在教學中犯了許多錯誤，在教了三十年之後退休的某日。

乃急急奔到學校，沒有學生喊我老師早，沒有人認識我，尤其是新來的人事主任更查遍了教職員名冊，說本校沒有你這位老師，你到隔壁學校去問問。

乃急急到各教室尋覓，每一個講台都站著一位老師，每一個人都是從前的我。

乃急急上了校長室，完完整整的懺悔以前不該如何如何，教學要如何如何，校長聽了一整天說，對不起，下班了，同時，校長也露出懷疑不信任的眼光。

只好走到空蕩蕩的教室，站上沒有教師的講台，對著沒有人的課桌椅，詳詳細細循循善誘了一個夜晚。

原載95、1、4聯合副刊

17. 山

我到南庄東河鵝公髻山腳下住了很長的一段時間，總是看到一個八、九歲的小男孩，每日坐在木屋屋簷下，呆呆望著那個像鵝公髻的山頭。

我問小孩是否喜歡山的雄壯或秀美或者蟲鳴鳥叫，小孩都呆呆的沒有回答。我一連問了好幾天，他才驚恐的說：「我怕它們走下來！」。

「怎麼會？這山好堅固，不會的，它會一直立在那裡。」。

「我阿公也說五峰那邊的山好堅固，我阿嬤也說鹿場那邊的山好堅固。他們都坐著山像划著船走了。」

我正要說那不一樣時，一棵油桐樹倒了下來，差一點壓到我借住的小木屋。

小孩迅速的躲進我懷中，嚇得竟然不知道要怎麼哭。

原載95、4、13世界副刊
再刊96、8、7中華副刊

18. 流浪狗

他們用橡皮圈圈住了我的脖子，他們用強力膠沾滿我的全身，他們甚至用腳踢我幾下，他們竟然用玩具弓箭射我一箭，倒勾的箭頭插在我的腹部。

另一群他們在電視痛罵那群人，他們以十分不捨的手剝掉我的項圈，送我到動物醫院，除掉強力膠黏住的毛，進開刀房取出箭簇。

我想告訴人們，我想死掉，我連流浪的自由都沒有，活著還有什麼意思。

天上飄過一朵雲。

天上下起一陣雨。

狗兒躺在手術台上呻吟，希望成一朵雲，希望成一陣雨，閉上眼睛，什麼也看不見聽不見了。

剩下保護動物協會的人，慷慨激昂的遊行。
人們還是踢別的狗兒一腳，射別的狗兒一箭。
閉上眼睛，狗兒什麼也不願看見。

原載95、3創世紀詩雜誌146期
再刊95、4、13世界副刊
三刊96、10、15中華副刊

19. 扇子

　　燠熱的夏午，不巧電力公司跟我開了一個玩笑，停電二小時。我拿出紙扇，猛力的扇，竟至扇到破碎成許多紙片。我再拿出珍藏許久的骨董扇子，仍然努力的扇，些許涼風，遍體舒暢。我的鄰居黑道大哥進來，一把搶了去。只好拿出棄置已久，祖母時代留下的檳榔葉，裁剪而成的扇子，勉強可以消暑。

　　我心中突然感到，那不正是一個個離我而去的情人，在我最艱苦的時候。只有妻努力的為我張羅家徒四壁的生活。我竟然沒有注意到她結繭的手，以及滿是黑斑而且泛黃的臉，多麼像一把耐用而不華麗的蒲扇啊！

原載95、4、13世界副刊

20. 熨斗

妻正專心的為我燙衣服，那被我弄得縐成鹹菜樣的衣服，沒有大熨斗是不行的。十幾公斤重的熨斗，妻以瘦弱的右手握著，左手拿噴水器……燙得手酸、腰酸、腿麻、四肢無力癱在那裡。

這不正是幾十年來，妻以瘦弱的手，燙平我滿腹的不合時宜，滿身心的凹凸不平嗎？

妻仍然努力的燙著衣服，時燙時停，我終於忍不住以淚水代替她的噴水器，洶湧的噴向我縐得無法燙平的滿身傷痕。

原載95、4、13世界副刊
再刊96、10、15中華副刊

21. 淚痕

他開門出去，張望了好一會兒又再進來，關門。在書桌旁一本一本的翻閱雜誌、書本，又再一本一本的重疊了起來。然後再開門出去張望了很久很久。然後又再進來關門翻閱書本，重疊書本，然後又出去張望。正在用功讀書的小一獨生女抬起頭亮著不解的大眼睛問：爸爸，你在做什麼？找什麼？忙什麼？

一連串的疑問，也彷彿來自他自己的疑問，竟然回答以滿臉的淚痕。

原載95、3創世紀詩雜誌146期
再刊95、4、13世界副刊
三刊96、11、10中華副刊

22. 半天筍

正以耕耘機剷除滿園香蕉樹的果農，有一搭沒一搭的和正在砍除檳榔樹的親戚隔空淚眼對談。隔空淚眼對談的果農，瞥見坐在休耕稻田旁抽悶煙的稻農，遂把話題轉回當年的自己。當年也是稻農只因比較聰明，知道轉作，因而有的耕去稻子種花；有的不再插秧改種檳榔、香蕉。變成果農的他們，此刻仍在耕除農田中的果樹，看著廢耕、休耕、抽悶煙的老農，仰頭望著天空，不知道下一次他們要種什麼？不知道要種什麼的老農，終於心一酸，從檳榔樹上掉下來，手中握著幾串檳榔和一根半天筍。

原載95、4、13世界副刊

23. 木瓜

從小我喜歡吃木瓜。吃木瓜時總握著它橢圓的軀體，望著母親。母親看我吃得津津有味，便常常買木瓜。這事我一直想不透，直到那年母親病倒，我為她擦澡，看著她乾癟的身體，才恍然大悟而流下心酸的眼淚。從襁褓時起，就一直吸引著她甜蜜的瓜汁，而她現在已經像一棵曾經奮力生長結實纍纍的木瓜，盡了她最大的力氣，漸漸的枯萎將要傾倒。

原載95、4、13世界副刊
再刊96、11、28中華副刊

24. 寒夜拜訪某老者

天寒地凍，合歡山已結晶瑩剔透冰柱。連老狗都挾著尾巴躲進老窩，寒風中，路上已空無一人。我以顫抖的手敲門，入內乃見一片冷寂。一燈獨對古佛，枯瘦老者如山寺壁畫中的佛畫，靜靜貼在牆上。

一股寒風襲來，也將我吹向對面的牆壁，並且深深嵌入壁中，與對面老者遙遙相對。室內室外，一片寂然。雪正悄悄落下。

原載95、4、13世界副刊
再刊96、11、10中華副刊

25. 剪布

母親每次到布莊剪布，總是傷透腦筋。我們兄弟眾多，經濟不好，只好選用較便宜的布頭布尾。同時交代裁縫袖子要長一些，褲管也要長一些，以便來年還可再穿。但是我們兄弟長得硬是太快了，往往不久長褲就變短褲，長袖也變短袖，每次剪布，母親每次流淚。

然而如今，剪布流淚的換成我們兄弟了。每次剪布，每次少了幾尺，原因是母親越來越瘦小，而且背也駝了，腰也直不起來。我們的經濟越來越好，可以剪很多很多很好的布，但母親已住到養護中心，不需要太多的布了。這時換成我們兄弟常常流淚剪布。

原載95、6、20世界副刊
再刊96、10、15中華副刊

26. 噩夢

某次我遊德國的時候，遇到許多來自匈牙利的勞工，更遇到一位來自波蘭的教授在打掃落葉。突然想起我家的菲傭原是位中學數學教員，忍不住搖頭嘆息連連。

那晚在旅店裡也噩夢連連，竟然夢見自己也變成一位工人，在一個陌生的國度，替人洗地板、刷馬桶。驚醒時窗外月色慘白，萊茵河水好像傳來不斷的哭泣聲。

正不知所措時，眼前突然出現一道圍牆，且正在迅速崩塌，兩邊都有許多奔逃的難民，互相朝對方奔去。然而兩邊都是波浪洶湧的海水，許多人都在海中泅泳，我也在其中。

原載95、6、20世界副刊
再刊96、10、15中華副刊

27. 硯台

那個寒冷的冬夜，我在硯台上磨墨，水越加越多，瞬間竟成了一個巨大的湖泊。乃提筆欲沾墨書寫，在湖邊，筆竟掉入湖中，伸手撈了又撈，卻不知所終。俄頃，湖水竟慢慢結冰，整個湖面都凝固了，無法取筆。只好等待湖水解凍，整個夜晚，我找不到我的筆，也未寫下任何一行詩。

原載95、6、20世界副刊
再刊96、11、10中華副刊

28. 放大鏡

我突然發現我的放大鏡可以仔細觀察電視中人物說話的神情，十分駭異。再仔細一瞧，竟可以發現官員說話時，表面話語後面的意義。

有次看看到一個大官，說他如何愛這片土地，如何愛我們，如何為改革而被誤解……我竟然脫口而出：「騙子！騙子！」眾人都以奇異的眼光看我。

從此以後我不敢以放大鏡看電視，尤其是大官們在說話。我寧願以微弱的視力、聽力、看聽一切。我寧可讓我的放大鏡，永遠藏在保險櫃中。

原載95、6、20世界副刊
再刊96、11、28中華副刊

29. 那個難忘的夜晚

母親中風復健後，稍為可以慢步緩行。

有個夜裡，我扶著母親沿著中和公園的小徑徐徐而行。突然，月亮從烏雲中，露出臉來，竟然是月圓，柔和的月光。

母親抬起頭看到月光，竟然低聲對我說：「好冷，那個圓盤子落下好多好多冰針，好冷，真的好冷！」

趕忙將母親扶上輪椅，推了回來。從此，母親未再看到月光。

註：兩次刊出時原題目〈月光〉、〈人生〉，今再改題，避免與其他篇名重複。

原載95、6、20世界副刊
再刊97、1、29中華副刊

30. 看不見的手

在校園文學裡，寫出如日月般令人仰視不止的《未央歌》、《人子》的鹿橋，站了老半天，才勉強的站了起來。

勉強站了起來的鹿橋，努力的想跨出一小步，竟然跨不出去，頹然跌坐在椅子上。

他能舉起那麼重的文學作品，如今那些力氣那裡去了？彷佛有一隻手，慢慢的在抽離每一個人的精力，直到頹然倒下為止。

我正在寫字的手，突然顫抖了起來。

原載95、6、20世界副刊
再刊97、1、8中華副刊

31. 三十年

三十年前我看到小芬的母親正懷著小芬，坐在我隔壁的辦公桌寫字，批作業。椅子因老舊而有些不穩，校長走過來關心她，要她小心。我突然冒出一句：「也要努力考校長，才有龍椅可坐。」那時，我不知道已嚴重惹惱了校長。從此，時常揚言要把我調走。

小芬的母親每天吃著只有青菜的便當，她說刻苦的婆婆因公公到南洋當軍伕未回來，要她們省吃儉用。當老師收入不好，那能吃肉？

三十年後我在某高中任教，遇到剛師大畢業的小芬。她說阿公已經回來了，不是去什麼南洋，而是到隔壁村去替一個寡婦扶養兩個小孩。

小芬也說，母親每天還是吃青菜便當，因為阿嬤說阿公有病，治病要花錢。小芬每天都偷偷買一些肉、豬肝放在便當盒帶回家，晚上給母親在房間偷吃。

我覺得很奇怪，小芬的母親，三十年來命運都一樣，不知道什麼地方錯了？

原載95、6、20世界副刊

32. 霧

我對著英文課本，正在照本宣科的時候，突然發現有一雙烏黑的眼睛正直直的死瞧著我。

抬起頭來，那雙眼睛卻機靈地回到她的課本上，她烏黑的頭髮蓋在頭上，像一困霧。

剎那間，我在霧中迷失了。恍忽中只聽到：「老師，您跳行了。」

「那裡？在那裡？」我彷佛在森林中迷路的小孩，在霧中頻頻呼喊，企圖找到出路。

原載95、6、20世界副刊
再刊97、1、29中華副刊

33. 哨音

午夜一陣急促的哨音把我驚醒，我從床上迅速翻身而起，抓件外衣就往雙腿上套。

「怎麼啦？」妻驚奇的問。

「緊急集合，師長點名！」兩條腿分別套在兩管袖子上。

「什麼？」

「你都幾歲了，還在緊急集合，外面是抓小偷，這裡不是成功嶺。」

已好久了，好久未再做年輕的夢。當我再度躺下時，竟然覺得床好年輕，好年輕。

原載95、6、20世界副刊
再刊96、11、28中華副刊

34. 寶貝

和弟弟正在看「末代皇后」的時候，我正為演「太監土皇帝」的演員演技精湛而讚嘆不已，弟弟卻突然暈倒了。

我一面叫醒老弟，一面看著太監土皇帝正在焦急的找「寶貝」。我問：「怎麼了？老弟。」

「我彷佛看見許多太監吶喊著向我要寶貝。」弟弟蒼白著臉說。

「怎麼回事？」

「幾十年前，村子裡每次閹豬，祖母總說我體弱，就去要了來煎麻油，讓我補補身子，看到太監找寶貝，我一時感覺到，以前那些被閹的豬，通通跑來向我要寶貝。一急，就暈過去了！」

彷佛有閹豬的笛聲，從夜晚的巷子中傳來。

電視劇中的太監土皇帝也因為尋找寶貝而哭爹喊娘，死去活來。

原載95、6、20世界副刊

35. 蔚藍海岸

開車載著妻奔馳在濱海公路上，藍色的海浪，奇形怪狀的礁岩，十分吸引我。

「真想急速衝入海的懷抱。」我握緊方向盤說。

「都幾歲了，還那麼浪漫。」妻掠掠滿頭白髮，不屑地說。

車子沿著海岸線緩緩而行，妻子的話，好像定速器，怎麼加油門都跑不快。

「咦！前面一群人在圍觀什麼？」我說，頭探出車窗外。

「專心開車，已有兩個年輕人實現了你浪漫的幻想。」妻冷冷的說。

果然，有一輛紅色的轎跑車，直直的衝過沙灘，深深吻著藍色的海。

沙灘上留下兩行我清楚的詠嘆。

原載95、9、17世界副刊
再刊96、12、17中華副刊

36. 螞蟻談話

兩隻螞蟻交頭接耳一番後，匆匆忙忙的遛了！

原來他們碰見了一具屍體，便由一隻螞蟻先前往探險。探完險出來的螞蟻告訴另一隻說：這裡太恐怖了，有深不見底的洞，有浩瀚無邊的海洋，有密不透風的森林，我差一點就迷路出不來了。

另一隻蟻蟻一聽，跑得比探險的螞蟻還快。可是當他們回到蟻窩述說經過以後，大多數的螞蟻都贊成再前往探險。

於是，這一具屍體就滿是螞蟻，而且紛紛表示，並不驚奇嘛！

原載95、9、17世界副刊

37. 抽屜

我身上藏有一隻怪獸，讓我十分困擾。

沒有人的時候，他在我身上東奔西跑。有時讓我憤怒難抑，有時讓我憂心不已，有時又讓我莫名其妙的流淚。

最最恐怖的是在與人相處時，他會不分青紅皂白的跑出來和人抬槓，常常讓我下不了台。最可怕的是他對長官的態度，常常長官說東，他偏說西。有時嚴重到長官要把我「壞」了。

最近我把這一隻獸關在抽屜裡，白天還好，晚上可不得了，常大聲小叫，吵得我每天失眠。每當他大吵時，我都說再吵就把抽屜給燒了。

也不知是那個夜晚，抽屜突然失火。我高興的從床上跳了起來，我大聲說：看你再吵啊，再吵啊！

哈！哈！我躺在床上大笑，對著正在著火的抽屜大笑。

原載95、9、17世界副刊

38. 寶石

我走著，拼命的走著，企圖以全部身體的力量往前行。我在尋找一顆石頭，一顆可以感受我全身能量的石頭。

途中，我當然遇到許多石頭，我以全身的熱流貫注，希望我的功力能貫穿頑石。

然而，我沒有。石頭還是石頭。

走過千山萬水，尋遍無數的石頭。

終於，在我白髮蒼蒼時，在一個無人的荒野，正下著大雪的山腳下，尋獲了一顆小小的石頭。我以全身的功力，注入石頭，石頭由灰而紅，直到晶瑩剔透。

啊！我尋到了一顆寶石，頹然的我倒下了，倒下了，汗滿身而淚滿襟。

原載95、9、17世界副刊

39. 天才

在我教學多年經驗裡面，我發現這小子是百年難得一見的人才。論資質，簡直可以比美上好的陶土，可以努力捏成上好的宜興茶壺。

於是，我到圖書館尋找上好的教材，上好的教法。並不時和家長聯絡。

「這小子別人教一種教材，他可以教五種。」我說

「對！對！他從一生下來就是天才，我們正苦於不知如何栽培。老師，多加一些材料，多做一些要求。」家長說

於是，我和家長努力的增加材料，增加時間，然而，有一天，這個小天才竟在家上吊自殺了。

檢察官相驗，無他殺嫌疑，身上只有一張字條，誰也解不出其意：「他們正在捏陶，捏得太用力了，陶會破碎的。」

原載95、9、17世界副刊

40. 超市

我的老板是十分有眼光的人，他在十字路口的三角窗選擇了我。

「乖，乖，好好替我經營，據説所有選這種地點的超市，都月入十來萬。」老板寄以厚望。

有一個流浪漢，身上沒有半個子兒，他要前來購買。

「不行！」我拒絕了。「報上不是説我們一切都在蒸蒸日上嗎？」

又一個流浪漢前來購買，身上仍然沒有錢。

「不行！」我還是拒絕了！奇怪，怎麼這麼多流浪漢？而且身上都沒有一個子兒。

一個流浪漢來了又走，在午夜十一點時，某電視台報導：「一群流浪漢餓昏在某超市門外。」「莫非電視台在唱衰？」我走出一看，不得了！

果然流浪漢倒了一地。

於是，我開放門戶，讓他們無償取食。

隔月清晨七點，老板在我門上貼出公告：永久歇業。

原載95、9、17世界副刊

41. 演唱會

那天我去看五百的演唱會，五百在台上賣力的搖動吉他，全身抖動，聲嘶力竭，全身是汗。

台下一片瘋狂，螢光棒隨著震天的歌聲揮舞。

「太感動了！」我說。「五百，你唱我的詩集好嗎？詩集出版了三十年，賣不到十冊！悲哀啊！」我說。

「我也出詩集啊！」狂歌中，五百又插了兩句：「可是也沒有賣出幾冊啊！」五百仍聲嘶力竭的喊著，台下幾萬觀眾幾乎瘋狂。

我又找了五月天。還是不行。

我又找了F4，仍然不得要領。

「莫非詩人要自己來一個演唱會？」我喃喃自語。

黑暗的夜色以沉默回答我，演唱會已曲終人散，留下一地的垃圾。

原載95、9、17世界副刊

42. 歸來

當我逃離這個小島再次歸來時，我發現一個年輕的我，正在用力的划著詩的小船。

「可憐啊！小子，多像以前的我啊！有多少個我消失不見了，你知道嗎？」我喟嘆著。

「我不會像你一樣做個逃兵的！」年輕人昂起傲然的神情，頭抬得高高的。

「好吧！有勇氣啊！我掏心掏肺你不信，不要緊，千萬別只逞一時之勇啊！」

一隻隻小船正在遠離小島，充滿夢的夜風一直播送著；希望你回來！希望你回來。

原載96、7、30世界副刊

43. 月光

多麼冷的月光啊！她竟然照著我這麼一個無名的詩人啊！她該多照顧像貝多芬一樣的大音樂家，才有月光那麼美好的奏鳴曲啊，她該多照照「吠月之犬」的畫家啊！他才能再畫出不朽名作啊！

我在一陣寒冷的月光中，像一隻暈眩的鷹，跌落在無人的山谷啊！月光啊！你不是照過古人嗎？照過無數的大詩人嗎？為何竟一直照著我這衰頹的老頭？

可是古代的詩人不見今時的月亮啊！古代的詩人也只能描寫古代的月光啊！

照過古人的月亮，又照了今人。對著你冷冷的月光，我愧對多少描寫月光的古代詩人啊！一直不願離我而去的今晚的月光，她一定有什麼暗示吧！或者，你也像那位熱情贊助我的醫生朋友，搖頭苦笑對我說：「多麼不可救藥的理想主義者啊！」

原載95、7、30世界副刊
再刊97、1、29中華副刊

44. 日記簿

老師鼓勵我們寫日記，於是我買了一本十分精美的日記簿，每天寫日記，並且加上鎖。老師要檢查日記，我都以那是個人密祕為由加以拒絕。

對成績很好的我，老師並不見怪，更沒有強迫我交給他批閱。每次老師遇到我的母親，總盛讚我有天份，有前途。母親也很引以為榮，覺得自己含莘茹苦沒有白費。

畢業典禮那天我領了很多獎，同學都很羨慕。他們希望知道我的努力奮鬥歷程，誠懇要求我公開日記簿。

在同學的要求，盛情難卻下，我公開了我的日記簿。老師、母親和同學都嚇呆了。

我的日記簿上只寫了幾行人生無聊、苦悶、蒼白的話，因為小白兔都不理我。他們不明白如此頹廢的我，成績竟然會那麼好。

「小白兔是誰？」他們一直追問。我日記上也沒有寫，當然更沒有回答。

只是幾十年後我在日記簿的最後一頁寫道：小白兔已去了美國，並且嫁作商人婦。

原載96、7、30世界副刊

45. 舊衣回收箱

我家路口放了一個舊衣回收箱，早晚都有人往裡面丟舊衣服。我有舊衣可以回收嗎？我時常懷疑自己有舊衣可以回收。

不記得多久以前了，我上百貨公司買了一套名牌西裝。希望有朝一日派上用場，尤其要見上級長官時。

「這人說話不算話，不能去見他！」我說。

「這人勢力眼，不能見他！」我又說。

就這樣不知過了多久，我都沒有穿上那套西裝。

有天，我竟然發現，滿頭白髮的我，拿著一套又髒又舊又不合身的西裝，丟進了舊衣回收箱。

原載95、6創世紀詩雜誌147期
再刊96、7、30世界副刊

46. 翅膀

小強每天到滑翔翼練習場勤練飛行。

他尊照教練的教導指示，因而越飛越遠，越飛越高。

有一天，他迎著風，終於飛得不見了。

那天的晚間新聞報導，小強飛到了練習場外的溪畔墮落，全身骨折，面目難辨。

記者說：小強身上帶了一本小筆記簿，上面記載著他渴望有翅膀，渴望成為飛鳥。

我嘆息著說：他是飛了，但他不是飛鳥，他沒有翅膀。

原載96、7、30世界副刊

47. 三支槍

這一生我玩過三支槍。

第一支是在我小學時買的玩具槍，那時母親省吃儉用，花了五十元讓我參加從嘉義到台北的五天四夜畢業旅行。母親另外給我十元零花，我用它買了一支玩具槍。玩具槍中捲了一卷紙彈。那紙彈是一連串的小黑點，每打一次，就啪的一聲，可以連發：啪！啪！啪！我們整個晚上都玩槍戰。

第二支槍是我初中時和隔壁的阿明自己做的，槍管是檢來的彈殼，子彈仍然是有一連串小黑點的紙彈。彈殼中裝上由鞭炮拆下來的火藥。我們常在村旁的水潭邊發射，聲音很大，常嚇起一群飛鳥。

第三支槍是我當兵時發的，每天要拆要裝，尤其要擦槍膛，整個晚上擦槍，再怎麼擦，班長都説麻膛，要罰衛兵。除了打靶外，槍彈都鎖在連長室。連長常不在，我們就要和敵人打空氣槍。還好，那些年沒有敵人。

最近這三支槍常入我夢裡來，尤其是小學那一支玩具槍。每晚我都夢見它，嘴裡發出啪！啪！啪！的打槍聲。

太太被吵得沒辦法，搬到另一個房間睡覺。然而，每夜我還是繼續啪！啪！啪的打起玩具槍。好玩極了。

原載96、7、30世界副刊

48. 鞋子

整夜，我聽到鞋子在門外哀求的聲音。

幾十年了，自從鞋子和我的腳發生嚴重衝突以後，就再也不曾聽到鞋子的抱怨。

在發生嚴重衝突以前，鞋子常抱怨我的腳，什麼你一直賤踏著我，磨破了它的底，穿破了它的頭和屁股。什麼一直為我的腳踩在爛泥和臭水溝，什麼我的腳一直欺負鞋子，奴役鞋子……。

而今夜，我竟然聽到鞋子的哀求聲。它說它錯了，它本來就是奴才命，在外面幾十年的餐風露宿，終於體會到流浪的滋味，那更難受，它寧願回到我的腳下，繼續接受我的腳的保護……。

真的，一整夜，我都聽到鞋子的哀求啜泣聲……。

原載96、7、30世界副刊

49. 繩屋

我一直在尋找一間安靜的住屋。那裡可以避開吵雜。比如隔壁鄰居夫婦的吵架聲，比如房屋修繕的敲打聲，比如半夜馬桶的沖水聲。

當然最讓我受不了的是政治人物的宣傳車聲，尤其是領導人的各種談話聲，各種叫賣聲。堅持自己立場的敵對聲。

實在太吵了，我每天祈禱有一間安靜的住屋。

終於，上帝同情我。從一棵樹上垂下一個繩圈。啊！多安靜的一間住屋啊！我一頭住了進去，對準著繩圈。

終於，世界安靜了，我一點也聽不見任何吵雜聲，而且安靜得連呼吸聲也沒有。

原載95、5、21世界副刊

50. 婚禮

那是很久很久以前了，我見過新娘子穿紅色的大禮服，坐著轎子來。穿長袍馬掛的新郎倌用腳去踢轎門。

以後是穿著白紗的新娘子，坐著轎車，新郎陪著一起下車，新郎用手提著米篩遮著新娘子的頭。

以後又有坐牛車的、坐耕耘機的、坐砂石車的。還有從空中跳傘的，在游泳池划水的、在海中潛水的。

所不同的是前面的哭聲，慢慢的由嘻笑聲取代。

相同的是禮堂仍然都燃著一對紅燭，默默的相對垂淚。

原載95、5、21世界副刊

51. 罕見疾病

太太一直相信我有病，力勸我去看醫生。

醫生檢查我的頭部，觀看我的眼睛。我的嘴巴竟然自己發聲：那是阿茲海默症。

醫生再檢查我的胸腔。我的嘴巴又發出那是心律不整，那是肺癌。

醫生接著檢查手腳。我的嘴巴又大喊：那是巴金森氏症。

不等醫生檢查，我的嘴巴又大喊：那是羅倫佐的油、那是黏多糖、那是，那是漸凍人症。

我的嘴巴又要大喊，只是醫生聽不清楚是什麼症，只聽到：我要控告上帝。

醫生搖搖頭對著我的妻子說：我沒辦法，他得的是罕見疾病，人類病史上沒有記錄。

原載95、5、21世界副刊

52. 穿牆人

我突然感到自己有穿牆的能力，大大的驚喜。

於是我看到了一棟大樓，我穿牆而入。打開所有抽屜，翻閱所有檔案。一間又一間，一棟又一棟。啊！我知道了很多機密。

知道很多機密的我正待穿牆而出，昭告世人，讓人們都知道密祕，都去揭發某人。

然而，我又突然失去了穿牆能力，我左衝右突，直到精疲立竭，躺在地板上。

世人啊！我流著淚告訴你們，你們永遠沒有辦法知道，某些人的祕密，某些事的真相。因為穿牆人沒有了，他在牆中缺氧而死，報上這麼說。

原載95、5、21世界副刊

53. 祈禱

大家都覺得這裡太悶了，簡直要讓所有生物窒息。不，連土石都快要受不了。

於是，鳥飛了起來。走獸四處奔逃。樹林一棵棵飛了出去。草飛了出去。土石飛了出去。

於是，山變成光禿禿的。於是這裡一個大洞，那裡一個大洞。於是光禿禿的山，峰峰相連，成了九十九峯。

一陣天旋地轉的改變之後，人都要重來過。

什麼時候草再長出來？

什麼時候樹木再長出來？

什麼時候又有蟲鳴鳥叫，飛禽走獸？災難後所有生物或非生物都跪下來祈禱。

原載95、5、21世界副刊

54.
破碗

我狠狠的把自己打破了，我是為所有流浪漢、流浪狗、流浪貓所使用的破碗。

一點也不會懷念過去被高官、巨賈捧著玩的日子，反而，反而十分輕視以前的嬌貴，十分輕視被擺在高級餐廳，佈置在高級餐桌上的日子。

我是一隻破碗了，哈！哈！流浪漢竟又把我打碎成為瓦片。瓦片還是可以吃飯，流浪貓和流浪狗都這麼説。

原載95、5、21世界副刊

55. 建築工人

從幾十層的高樓上，我飛了下來。沒有幾秒就到達了地面。真恨自己竟沒有翅膀，三十幾年的建屋工作，我多麼盼望有翅膀。建過許多大樓，住進許多人，但他們沒有翅膀，是只能在窗口眺望的鴿子。

「我相信許多人都渴望有翅膀。」許多年前，我就這麼想。每建一棟鴿樓，我就這麼想。最近這種想法越來越強烈。

終於，在建了第一百零一棟高樓之後，我覺得自己長了翅膀了。長了翅膀的我，最渴望的當然是像鳥一樣飛翔。

於是，我就飛起來了！不，是飛下來。快到幾秒鐘就飛到地面。

原載95、5、21世界副刊

56.
網

那是一個巨大的網，上面有一隻恐怖的蜘蛛，時常出現在我的眼前，我拿棍子、柴刀、利剪都無法破壞它，它儼然已成了我終身的夢魘。

心理醫生和我對話了很長的一段時間，終於勉強找到一個時間點，那就是在我看到一個人被網子纏住而溺死在魚池中的那一刻開始，我就對網子產生極大的恐懼。

可是我告訴心理醫生，每當我產生網子的夢魘時，總有一道極強的吸力，把我吸進一間看似四面無窗，只有一個小門的水泥房中，那時我呼叫，他們就幫我打針，打了針就平靜的睡著了。心理醫生側著頭，出神的傾聽著，然後翻閱心理疾病的歷史文獻。

「你繼續做這樣的夢，這樣的幻覺，我們也許會寫進心理疾病史頁中。」心理醫生興奮的說。

我看到心理醫生的眼中，正在爬出一隻大蜘蛛，吐出灰色的大網，立刻奪門而出。

原載96、5、10中華副刊

57. 牆

一群人努力的推著一道堅固的牆，每天、每月、每年，我都聽到他們用力的喊：「一、二、三，推！」牆的另一邊也是一群人，用相反的力量阻擋。

擋了十幾年，牆終於被推倒了，推牆的人群攻進了阻擋的一邊，阻擋一邊的人群，被趕到推牆的另一邊。

我看到推牆的人群開始砌牆，砌的比被推倒的還厚，被趕到推牆一邊的人群也開始每天、每月、每年吶喊：「一、二、三，推！」

推倒了，又被砌起，年年月月都有一群人在推牆，一群人在砌牆。

原載96、5、10中華副刊

58. 太陽

太陽從東邊的海面跳出來的時候，我正站在海岸邊注視著他，他越來越亮，越來越熱，我十分興奮，心裡喊著這是一個多麼向上的力量啊！從早上望到中午，我看著他越來越亮，越來越熱，直到我無法逼視為止，乃大聲高呼、萬歲，偉大的太陽萬歲。

然後，帶著興奮無比的心情，從中午又開始注視著太陽的行動，他還是熱力十足，令我佩服，直到樹影開始長了起來，太陽的光度漸弱，不亮了，熱力也減了。

我突然感覺悲從中來，他在退掉了所有光芒之後，變成一顆渾圓的紅色糖球，我小時候吃的糖球，就在瞬息之間掉到西邊的一片蒼茫中，有人伏在沙灘上痛哭了起來。

原載96、5、10中華副刊

59.
惑

傳道授業解惑三十年的張老師，有一天突然也大惑不解起來，在客廳中進三步退四步的沉思起來。

前兩天分別有兩位他最得意的棒球學生前來家中探視老師。第一位是名滿天下，第X代的中華少棒隊的投手，一路從少棒、青少棒、青棒打到成棒，然後是世界杯。來看老師時卻是一身運將打扮，只詢問老師近況及身體情形，其他話不多。經過張老師再三旁敲側擊，才知道他後悔一路打棒球。如果人生可以重來，他選擇專心讀書，臨走時鬱卒的眼神，令張老師難忘。

後來另一位也是第X代中華少棒的第一打擊手前來探視老師，他已是某大學的財經系教授，外表體面，但言下仍對當年沒有繼續打球，以致未能「名滿天下」而欷歔。他不知道當年的當家投手就在前天才來看過老師，老師話中暗示那位繼續打球的投手也很後悔時，這位教授學生馬上把多年的感觸一股腦通通說了出來，最後表示，每當看到媒體大幅報導這位同學，他就後悔沒有繼續打球。

「我寧願因繼續打球而在人生中一敗塗地，也不會以今天的成就來欺騙自己。」這位教授學生，拿出他搜集所有當年球賽剪報以及那位成功的投手日後的所有剪報。

送走了這兩位學生之後的這些日子。張老師一直在客廳中前進三步，後退兩步，自己竟大惑不解起來。

原載96、5、10中華副刊

60. 三人病房

三人病房就是三級病房，不必任何負擔，免費進駐的病房。一間小病房，擺著三張病床，陪病人的空間，只剩一張小小躺椅的位置。共用一個衛浴，環境很差。但我陪母親住院的時候，居然等不到三級病房。

「你們是要一人的頭等病房，還是三人的三等病房？」醫生問。

「有沒有三人病房？」我囁嚅的說。對一個窮詩人，寫詩不但沒稿費，還要自付印刷費，當然能省則省。

「那要到分院去，或者先住二人病房，再優先分發三人病房。」醫生說的合情合理，大家都搶三人病房，總有一個分配的合理辦法。

「但是分院交通不便，實屬不方便前往探視，二人病房不知要住多久才能換到三人病房，每天多負擔一千六百元，再加請看護二千元，每天就要三千六百元，十天就要三萬六千元。家母已進出醫院多次，四年來已花了兩百萬以上。難怪她老人家說是在敗家產。何況我們又無家產，她說她不想活了！」我儘量向醫生實情實報，越詳細越好，企圖爭取同情。

「那我們也沒辦法！」醫生無奈走了。

「那我們委屈一點只好再等囉！」我也很無奈。

「可是急診區很多人要用呢！」護士小姐也無奈的說。

情況傳到高層。他比了一個V字形的手勢：「哈！我以前是三級貧户，沒有人跟我搶三級病房，大家都搶頭等病房，現在頭等病房不必搶，我的親人隨時可以進住，誰說我執政無方？

「……」我聽得滿頭霧水。

原載96、5、10中華副刊

61. 迷途

我們一群人照著幾十年的老路登山，沿途的風景十分熟悉，大家一面聊天，一面訴說往事，心情十分愉快。

突然，路上另一群人阻擋在前面，說前面的路正不通，或拆毀或崩塌或什麼的，總之，不讓我們前進，他們指示了一條我們從來沒有走過的路讓我們走。

我們一面走一面耽心，前面到底是什麼風景，有沒有懸崖或峭壁？大家在徬徨中，每一個人都淚流滿面。

淚流滿面的我們，望著飄忽的白雲，與不斷變換的山色，遂紛紛在原地打轉了起來，越轉越心急的我們，淚越流越多，竟至氾濫了所有的道路，道路不見了，我們被困在一起，水漫過腰際，直向肩、頭而不知所終。

62. 落日

我站在大板根森林遊樂區的停車場向西望，此時一粒紅紅的落日正在三峽方向的山頂上，從兩山之間的大豹溪河望過去，美得令人暈眩。

突然有一個醉臥溪畔的流浪漢揉揉眼睛問：「天亮了嗎？」夕陽迅速落了下去，山谷慢慢暗了下來。

那個流浪漢把身旁的半瓶酒咕嚕咕嚕一口喝完，又沉沉的睡去。

原載96、5、10中華副刊

63. 機密

住在我隔壁的老張，有一天在住家附近空地上燒東西，原來他是在焚燒一些記事本和資料。

「老張，幹嘛那麼麻煩，回收或用碎紙機打碎一下不就結了！」我走近老張，老張慌張的把一大堆記事本往火裡丟。

「燒了安心，什麼都不存在了，我死了，一切都還原歸零。」八十歲的老張仍繼續丟資料，我想他大概有許多自己的或別人的機密。

不久，已八十歲的老張竟然還是逃不掉法院的傳喚，他告訴我：「別人還存有許多我的機密啊！燒不完的。」

64. 寶　寶

她養了一隻狗也養了一個兒子。兒子愛哭鬧，從出生一直哭鬧，到如今已三歲多了，還常鬧脾氣。打是最有效的方法，從出生一直打到現在，打了就不哭鬧，屢試不爽。而狗就乖多了，會撒嬌，會舔她的臉，尤其她久無人吻的嘴唇。她常嬌嗔：「乖，哦！不要這麼壞，你把我癢得難受死了！」狗叫寶寶，她常為狗狗，不，寶寶把屎把尿。

有一次她帶狗和兒子到公園散步。我看到她正忙著為寶寶弄屎。此時，兒子也喊叫：「我要臭臭！」女人頭也不回大叫：「去去去，自己到那邊廁所大便去。煩死了！」

我看著流淚不敢哭出聲的小孩，以及那隻正在大便的狗狗，不知道誰才是寶寶。

65. 對話

我是數十年來在古寺中獨自對著經書的燭光。那夜在一片蛙鳴聲中遇到數十年不見的伊，我們走近荷池時，群蛙驚嚇紛紛跳入水中，不再鳴叫，靜默彷彿那年我們的離別。

「近況好嗎？一直都過的如何？」我問。

「啊！兒子已娶了媳婦，女兒也生了孫子。」她答。

「那妳呢？」她問。

「哦！我嗎？」我沉默了好一會兒，群蛙又叫了起來，彷彿那年我對她頻頻的呼喊。

「哦！我嗎？我是古寺中獨對燭光的一本經書。」

原載102、8、15聯合副刊

66. 飛

那犯人被判了無期徒刑之後，不再叫囂、打鬧，逐漸由煩燥不安而趨於平靜。

移送監獄之後，他每日呆坐看著天花板。

「你要一間有窗户的牢房？」他搖搖頭。

「你要看書？」他還是搖搖頭。

他不看書，不寫字，不做畫，他更不去上課。

「你什麼都不要，那你要做什麼？」輔導員問。

「我正在想自由是什麼東西？我在驗證以前或現在的我，什麼時候較自由。」說著，他指著牆壁：「你看，我飛出去了！」

原載102、9、16聯合副刊

67. 天下第一勇

勇伯仔清理完養豬場，流著淚送走了他場中最優秀的種豬。他一面擦淚，一面喃喃自語：「真不敢相信，這麼好的豬種，完全現代化的經營，竟然一敗塗地……。」還記得勇伯仔大興土木建豬舍時，我正結束我的製衣工廠，為遣散員工發生嚴重的勞資糾紛。我弟弟的牧場也嚴重虧損而歇業，隔壁種花生、大蒜聞名的阿牛也休耕多年，不得已改種花卉。我告訴勇伯仔要多加考慮，勇伯仔不聽，還說什麼他的種豬是天下第一勇，胎胎十二隻以上，他的豬肉是正統黑毛豬，沒有腥味。

勇伯仔一面拍天下第一勇的種豬額頭，一面回頭對我說：「大家都喜歡便宜，好有什麼用！」猛掉眼淚。

「那也不一定，不要固執，頭腦要靈活，要知道變，對，就是要變。」

我突然看到許多破爛房子整修了，開起民宿，許多稻田種起花，讓人拍照、摘花，稻農變花農，數錢笑哈哈。

勇伯仔還是流淚：「變？來不及了，花農太多，沒人來摘，沒人來拍照，又滯銷了。民宿太多，假日又是冷又是雨，沒人上門。我還是念念不忘有天下第一強的日子，那時數鈔票要用點鈔機。」

就這樣天下第一勇的勇伯仔每日坐在豬舍旁的大樹下獨自喃喃自語，沒有人再理他。直到有一個黃昏，路過的村長才發現勇伯仔上吊自殺了。出殯的時候，幡旗上寫著「天下第一勇」。

68. 笨

「小翠自殺了！」許多同學都以驚異的口氣，有打電話的，有跑來告訴我的。「怎麼會這樣？」黃阿奔一面流淚，一面喃喃自語：「怎麼那麼不幸？結了三次婚，到頭來還逃不過死神的追迫。」黃阿奔最喜歡小翠，小翠都叫他阿笨，阿笨，是啊！他真的很笨，不知道小翠喜歡他。

「如果小翠嫁給你就不會自殺了！」我是他們的老師，雖不全然瞭解，但旁觀者清，我相信小翠如果嫁小笨一定比較好。

「我們是比較談得來，但我又醜又笨，又沒有好工作，家庭也窮，總之，我是賴蛤蟆，怎麼能妄想天鵝肉？」小笨還是不停流淚。

「人死了，再說什麼也沒用，其實小翠的問題出在她父親，我們曾為她找寄養的家庭，直到她畢業到社會工作為止，我們都很盡力。」我很抱歉沒把實話告訴小笨，但我能把小翠的不願為人知的隱私都告訴人嗎？

小翠每一次婚姻失敗都泣不成聲的和我談了許久，我曾建議她找心理醫生，就是忘了告訴她要找小笨，唉！其實我最笨了，面對流淚的小笨，我也忍不住讓淚水潰堤。

69. 角色混淆

東征和北伐兩兄弟最近覺得十分困擾，因為八十歲的父親喜怒無常。有時，父親溫柔的語調，倒像個慈父。可是，有時大聲的訓斥，又像部隊的長官。退伍那麼多年了，實在很想完全忘掉軍中的一切。

那年兩兄弟會進軍校，完全是父親的關係：「你們的名字一個叫東征，一個叫北伐，你們不讀軍校，如何東征北伐？」說的很有道理，兩兄弟只好硬著頭皮去了。在軍中混了那麼多年，也沒什麼小戰役，即使八二三砲戰也沒碰上，只在預備師訓練新兵、預官，可是，還是嚐夠了長官的威風。如今退了，怎麼還要受老爸的氣！

兩兄弟輪流送父親到各大醫院檢查，沒病就是沒病。後來一個心理系的教授朋友告訴兩兄弟，只要父親心情不好，就拿軍棋出來和父親玩，這是心理學教授在聽了兩兄弟多年的訴苦之後，所研究發明出來的。

「鄭師長，你攻右翼，右翼敵軍最強。張師長，你攻左翼，左翼注意敵人的機槍……」父親玩著軍棋，再不會大聲訓人。

兩兄弟請教心理學教授：「原來的父親角色和後來的將軍角色混淆了，就這麼回事。」哦！太好了，父親又回到了當年東征西討的風光歲月。「乖兒子，來！來！陪老爸下盤棋。」溫柔的父親角色，在他努力征戰後，也回到了家中。

70. 黑衣女孩

自從事業有成，財富快速累積之後，我就一直到各種PUB或高級的夜店搜尋，可惜，一直沒有發現。唉！那是我年輕時一段沒有完成的戀夢啊！

那時我在T大唸書，修了一門邏輯學，同學中總是坐在第一排最中間，總是穿著一身黑衣服，總是讓黑髮垂蓋臉蛋的大部份，那一位女生最吸引我。整整一年，我注意到她沒有跟任何人攀談，只是淺淺的微笑，即使我和她打招呼也是如此。一年之後，邏輯學的課結束了，她也就從未再出現過。我尋遍了T大的各科教室，尋遍了校園，直到畢業，從未再見過那位黑衣女孩。

皇天不負苦心人，我終於在東部的某一小城的某一個小PUB看到一位黑衣女孩，我遠遠的喝著酒觀察了她好些日子，她總是微笑，輕輕點頭，未說任何一句話。迷死人的模樣，讓我點了她出場。

我們玩遍了小城的名勝，吃遍了小城的風味餐，我表示要帶她去賓館。

「對不起，林董，其實我可以再設法騙你的，但我感於你的誠懇，不得不告訴你實情，我是男生。」果然男兒腔，啊！怎麼神態如此像當年那位黑衣女孩！

71. 她是我的上帝

那年我在某高中補校任教的時候，碰到一位十分俊秀的男生，可惜面黃肌瘦，一看就知道，是吃冰一族。吃冰就是吸安非他命的行話。

和他父親商量過後，為了顧及他的前途不要留污點，找到一家熟識的私人醫院，拜託幫忙勒戒。當他關在病房中又哭又叫又哀嚎，又罵人，又踢門，足足吵了十幾天。我在病房門外，既震撼又悲傷，這麼恐怖的事，居然有人願意試。

醫生說勒戒雖算初步完成，但以後再犯的機率十分高，叫我們要多注意。即使如此，這位男生在畢業之後，還是不斷傳來有關他的消息：吸毒砸毀汽車、傷人、進勒戒所等等，我內心不斷告訴自己：那年我的努力是不是白費了？

多年後我和妻到某小鎮觀光，在一家鴨肉麵線攤上巧遇了這位男生。

夫妻一起工作，有了兩個小孩，面目清秀依然，只是不再有病容。

「不會再……」我用手勢比了一下。

「不會了，她的關係，她是我的上帝。」男孩指了一指旁邊的太太。

此時我內心裡又再問自己：「她的努力應該不會白費吧？」

72. 蛙鳴

小鄭是我大學時的室友，由於畢業後又在同一家公司工作，未婚之前，當然成為室友。一方面可以省房租，一方面聊天有伴。

公司位於一片稻田中，宿舍亦不例外，夏雨過後，常有蛙鳴。某夜，難得的安靜，竟然一點蛙鳴聲都沒有。小鄭說他常被群蛙吵得不能入夢。這是難得的一夜，我想。

「你聽，室內好像有一隻青蛙在鳴叫，咯！咯個不停。」小鄭說。真的，我尋遍了房門，果然在冰箱下面發現了一隻小青蛙，於是動手把牠抓出門外稻田中。

過了把鐘頭，青蛙又叫了，小鄭坐了起來，於是我又把牠抓了出去。說也奇怪，一個鐘頭後，牠又叫了。於是我又把牠抓了出去。就這樣來來回回不覺天也亮。

天亮前，這隻小青蛙又叫了，我沒起來抓牠。心想：反正就要起床了。突然，青蛙不叫了，我坐起來一看，地上一隻扁平的小青蛙，還有一灘血。小鄭手上的拖鞋還沒放下。

婚後，我們各自有了房子，很少有機會同住。直到有一次公司同時派我們兩人到南部出差。住在一個鄉下旅館，旅館外就是稻田，還是一片蛙鳴。

「你還會為蛙鳴睡不著覺嗎？」我問。

「不會了，有一次帶小女兒到外地旅行，小女兒也為旅館外的蛙鳴睡不著，我告訴她青蛙在找媽媽，小女兒竟然在媽媽懷裡安穩的睡了一夜。」小鄭停了一下，開窗看看漆黑的稻田，又把窗子關上：「不會再睡不著了，你還記得那隻可憐的小青蛙嗎？由於我睡不著，還怒了無辜，我不應該如此的。」

「是啊！有一個教授還因此而親手殺死自己的女兒。」我想起多年前的新聞事件，正要再說下去時，小鄭翻了一個身面對牆壁。不久，鼾聲大作。

73. 夢

我是貪婪的，既要權力也要權利。什麼？叫我像甘地一樣，沒有寸土片瓦，那可不幹。我要存款簿上的數字，不斷的增加，我要可以支配的力量，無限增加，可以分配任可職位給我的親信，可以給找的子女，即使流亡世界各地，也有足夠的花費，養得起保鏢和工作人員。你是誰？你竟然敢在眾人面前懷疑我，毀謗我，你不要命了？什麼？你竟然丟過來一顆雞蛋，正中我的額頭，痛死我了，我坐了起來，原來在床上做夢。

摸一摸大腦，完好如初。看看腕錶，清晨七點。要起來了，今天有數十個行程。我要坐上我自己設計的勝利號戰車，前後左右各有一門大砲。左打貪官，右攻不義。前面批特權，後面打貪污。

車子去到了一處溪流，我的麥克風響著：你們看，官商勾結，盜採砂石，危害社稷，這是什麼不公不義的社會？車行某處工業區，麥克風批打空氣及水污染。車行到某交通建設，麥克風批打中飽私囊，勾結圖利……

民意調查，我的支持度越來越高，我在床上做的夢，越來越近實現……。

74. 白髮

筆首先逃了出去，不耐我的長期折磨。它一面走一面回頭，也許是在告訴我，笨，握了多年，寫不出什麼名堂。然後，硯也一聲不响的走了，不再回頭，毫不眷戀。只有墨水，還一直等在那裡。

等了長時間的墨水，一發狠，竟從我的頭上淋了下去。滿身是黑墨水的我，只剩白頭髮在暗夜中發亮。

原載95、6創世紀詩雜誌147期
選入當代文學英譯149期2009年秋季號

75.
影舞者

它在我前面，我猛力撲向它，它迅速的向前跳了一步，我撲了一個空。不信邪，再用力一撲。它又向前跳了一步，我又撲了一個空。
就在這一撲一逃間，我們形成了一串光影。光影越來越快，逐至模糊成一團灰黑的霧。

原載95、6創世紀詩雜誌147期

76. 筆

他玩弄著手中的筆，想著自己多年來的豐功偉績完全是靠著它，不禁得意的親了它兩下。

怎能不說豐功偉績呢？靠著這枝生花妙筆，他寫出了一個政權的貪腐、無能和暴虐。人們讀著他一篇一篇的報導，越來越痛恨這個政權，終於被人民的力量推翻了。

人們歡迎新政權，熱烈的排隊引頸以迎王師，包括他在內，他拿著他的筆，向王師揮舞，舞出了一堆墨汁，灑得附近的人們滿身墨蹟，人們不以為意。

熱鬧過去了，他回到他的書房，欣慰的看著筆。突然，一陣急促的敲門聲。他打開一看，一列士兵，不，一列他歡迎的王師正包圍著他家。

「為什麼？」他問。

「為了這個！」帶頭的官長把手中的筆舞弄了兩下。來不及「啊！」一聲，他就被帶走了，從此沒有音訊，也見不到他的文章。

77. 蟬鳴

某一人權鬥士，為了爭自由，不惜被囚禁終身之苦，與當權者力爭「寧鳴而死，不默而生」之真義。在被關了數十年之後，極權者終於被推翻，他也從鐵窗中走了出來。

走出鐵窗的第一天，他就聽到了夏蟬的鳴叫，遂黯然流下感慨的淚水。「牠和我多麼相似啊！埋在土裡那麼長的時間，就為了短暫的鳴叫？」

蟬鳴不斷，繼續在暑熱中鳴叫，越熱叫得越起勁。「沒有人知道這些蟬蛻和我僅剩的空殼有何區別？」「有的只是用相同的鳴叫，挑戰生命的意義。」他和蟬兒在枝椏間對答。

只是一般人不明白那麼薄的蟬翼，如何挑戰生命沉重意義。只是風吹樹葉的沙沙聲，彷彿我不斷探問。

78. 意外

小芬和小芳兩個高中時期的死黨，在畢業多年後相約見面，她們同時都把另一半帶來。她們意外的發現，兩人的老公竟然都是上了年紀，可以當自己父親的銀髮族。

相見甚歡，互訴離情與近況，更發現兩人的選擇十分正確，她們的老公都疼嫩妻。尤其是小芳的老公，頻頻把水果、飲料送進也染了滿頭白髮的小芳嘴裡。在上洗手間的時候，小芳愉快的告訴小芬她染髮的密秘以及染髮後獲得老公更加倍的寵愛。小芬馬上告訴小芳，她也要如法炮製。

幾年後她們又相約在同一家餐廳見面，小芳夫婦是親密的依偎著等遲到且獨自前來的小芬。小芬淚流滿面的告訴小芳，老公另外娶了一個黑髮的年輕小妞。

79. 鴿子

鴿子的可愛模樣和咕咕咕的叫聲，從幾十年前還是孩提時代就深深吸引了我，只是，那時太窮了，買不起鴿子。祇好到處設法抓鴿子，往往把鴿子嚇得遠離我們。我甚至於遠至姑姑家要回一對鴿子，那時才八歲的我，就因為六歲的弟弟打開鴿籠，放飛鴿子而憤怒的出手打聾了弟弟的耳朵。

幾十年後，台灣經濟起飛。我在公園的廣場上，看到人們餵食成群鴿子，我也樂於加入其中。每天早上，備妥一袋玉米、麥片，鴿子成群飛上我身，有停在手上、肩上、頭上啄食的，孩童時的夢，終於實現。

一個下著微雨的早晨，公園裡人很少，我仍撐著傘去餵食鴿子。遠遠的，就看見一個中年男人蹲在地上撒米粒，成群的鴿子在他四周啄食，啊！真難得有如此愛鴿人士，風雨無阻，前來餵鴿。突然，我看見他猛一伸手，抓了最近的一隻鴿子，揣到懷中，左右看看，大步的走了。

成群的鴿子驚飛而起，又迅速落下來啄食。很多很多鴿子仍然停在我頭上、肩上和手上。突然，我莫名其妙的流淚了。牠們在從前，對人們有戒心，人們不容易抓到牠們。如今，只要一伸手，就可以抓到一隻，我反而耽心起牠們的命運來了。

80. 博愛座

一個美國研究生，到台灣考察社會風情。他對自己問卷中詢問台灣社會乘車的禮讓情形，回收的大都表示會禮讓給老弱婦孺而不是明星或公共人物。他大大的感到滿意，對台灣年輕人有禮貌，肯尊老敬賢頗為欣賞。

他將研究結果呈交指導教授，指導教授大略翻了一下研究報告就說：「太好了，我們喝一杯慶祝去！」研究生也頗為高興，當下欣然同意。

他們一起走出辦公室，上了捷運，照例是廣播叮嚀禮讓的話：「親愛的旅客，請發揮您的愛心，請把您的座位讓給需要的人。」國語之後，又用閩南語、客語還有英文。教授特別拉著研究生走到一個「博愛座」前，此時座上一位年輕人眼睛直挺挺的瞪著前方，動也不動。教授又拉著研究生走到另一個「博愛座」的年輕人面前罰站，這時本來張開眼睛的年輕人，突然閉目養神。

「好了！老師，我們下車吧！我要回去修改研究報告。」研究生羞愧的說。他們一起下車，一起走在街道上，迎面的風，把教授的白髮吹得有些零亂，有幾根竟然豎了起來。

81. 有爲青年

癩痢頭阿雄回來了，十幾年不見，聽說在日本發了大財，想回到家鄉奉獻一己之力。他穿著高貴，上等的西裝料，法拉利跑車，有時是加長型的凱迪拉克。「沒什麼啦！外交部看我在日本拼國民外交，每次都主動把兩輛禮車之一借給我。」

「看不出來哦，從小長得一副癩痢頭，鼻涕、眼屎滿臉，怎麼看都看不出他今日會如此風光。」隔壁阿婆說。

「是啊！回來之後又是免費讓老人家坐電療椅，他說一套兩三百萬啊！每人都免費坐呢！真是有為青年。」水生伯一直誇阿雄，再也不叫他癩痢頭阿雄了。

「阿雄啊！大家都這麼忙，沒空來你家坐電療椅，可以不可以借回家啊！這樣比較方便。」有許多人借機會建議。

「好啊！好啊！那有什麼問題。不過，這麼貴重的設備，萬一……」

阿雄欲言又止。

「那有什麼關係，每人拿個二十萬做抵押，總可以了吧？」眾人七嘴八舌的建議。

於是，拿錢借電療椅的人越來越多，阿雄為了回饋鄉親，隔壁村也可以。後來隔壁鄉也可以，最近附近的縣市都來借，數目不詳，大家都說阿雄是有為青年，下屆立委要推他出來。

隔了幾個月，有人說阿雄回日本接洽生意了。後來還有人說阿雄跑了，捲款潛逃。拿錢抵押的人，漸漸的不安起來，有人報警，有人四處追查阿雄下落。不久，大報報導：旅日商人林世雄騙走村人千萬潛逃……

82. 臉盆

裝水的時候，我替主人洗臉、洗腳。左邊看看碗筷，主人拿它們吃飯。右邊看拐杖，主人拿它走路。哈！哈！我對自己說：我們都有一定的用途。

直到有一天，主人拿碗筷敲了起來，不夠大聲，又拿拐杖敲臉盆，嘴裡大喊：抗議！抗議！

我又左看看碗筷，右看看拐杖！哈！哈！我們的用途並不一定。

83. 影子

即將退休的蘇老師，慢條斯理的整理著桌上的書本，大多數都丟進回收箱了，只有少部份跟教學無關的，放回自己的包包。

「輕鬆了吧？」明年也可以退休的李老師說。

「對啊！三十幾年了，一年反覆一年，年年相同，多無聊啊！看你還幹勁十足，不錯呦！」蘇老師百般無奈的樣子。

「是啊！是啊！我像熱鍋上的螞蟻，還在做最後的掙扎呢！」李老師說。

他們一面交談，一面注視著今年剛考進來的劉老師的年輕背影。他們兩人相視黯然一笑：「劉老師把我們年輕時的影子，完全呈現了！」

操場上成群的孩子像成群的痲雀，嘰嘰喳喳。「那些小孩中，好像也有我們當年的影子呢！」於是兩個人在辦公室窗邊，更用力的搜尋著那個模糊的影子。

84. 資優生

她在教室裡看著老師寫黑板，每一個字都成了銳利的箭。直直射向她。她低下頭翻閱書本，書本竟像海浪湧來，不一會兒就淹沒了她的四週。

她抬頭望著天空，水一直上升，淹到脖子，接近鼻子。她只好跳進天空，並大喊一聲：「我不要當資優生。」

在天空裡四處遊蕩的她，看到每個角落都低頭坐著一位資優生，有美術資優生，有音樂資優生，更多的是數理資優生。她們都像坐在油鍋裡的蜷曲蝦子。

「怎麼啦？」老師走近身邊關懷的說。

「我不要當資優生！」衝出校門，頭也不回，留下一堆錯愕的師生。

85. 捏陶

我忍了很久，終於走進老師的陶藝教室。

「你不是詩人某某嗎？歡迎！歡迎！你一定可以捏出不同凡響的陶。」陶藝老師客氣的說。

於是，我努力的捏著，目不轉睛，心無旁務。

「你們心裡想著什麼，你就會捏出什麼！」老師又說。

「真的？我懷疑。」我自言自語。「好吧！我就捏一群快樂的人和鳥，但我只看過快樂的鳥，還未看過快樂的人。那麼捏鳥吧！」

電視機從室外傳來人們的吵雜聲。我努力的捏著鳥，但耳朵不聽話，竟然聽到人們種種不快樂的聲音，我努力拒絕這些聲音，我努力捏快樂的鳥。

陶燒好了，爐火也熄了。作品推了出來，眾人目瞪口呆。我竟然捏出人形，而且臉上扭曲痛苦的變形。

86. 白紙

我到一個小學去教兒童作文，每一位小朋友發給他們一張白紙並且告訴他們：「沒有題目，可以想寫什麼就寫什麼！」

平常寫慣了命題作文的小朋友，面面相覷，不知如何下筆。我只好再說：「那就畫畫吧！你心目中想畫什麼就畫什麼，也可用圖畫作文。」

小朋友很高興，在一張白紙上畫滿了黑色的鉛筆線條，而且越塗越黑，越黑越高興，有的甚至拿墨水互相塗臉。下課時，他們異口同聲讚美我：「老師，你是最好的作文老師。」

「是啊！你們真是一張白紙。」我說。

下課的鐘聲，把他們一起吹向操場，我看見滿天飛舞的白。

原載102、9、12聯合副刊

87. 愛情

小玉交了一位七十多歲的企業家男友，每月有幾十萬的生活費，不必愁衣食，又有一戶小公館，過得十分愜意。手帕交們就紛紛發問、關心，比如大老婆捉姦怎麼辦？比如年齡差距如何有愛情等。

「哈！哈！這妳們不用愁。」正說話之間，電話來了，小玉吩咐我們要什麼自己拿，臨走不要忘了幫她關門。就這樣小玉快樂了一段時間。

有一天，我們又到小玉居住的小公館看小玉，遠遠的就聽見吵架聲。

「你拿我的錢，穿我的，吃我的，居然敢再交小女生！」小玉的哭鬧聲。

「哈！妳也不想想自己，還不是拿那老頭的錢，住他的，穿他的，大家扯平！」一個小男生的聲音。

我們幾個小玉的閨中密友互相看了一眼，轉身一起離開小玉的小公館，吵架聲越來越小，因為我們越走越遠。

88. 書牆

小林買了一戶好幾千萬的豪宅，新居落成那天，約我們幾個要好的同學前往坐坐。

一進門，果然氣派不凡，大家紛紛讚美他家的擺設裝潢。小林一一介紹某某雕刻是某某名家作品，某某畫也是舉世聞名的大畫家的真跡。最可貴的是那間書房，擁有整套的《四庫全書》、《二十五史》、《大英百科》、《諾貝爾文學獎全集》。「真是太美了，太有水準了！」我說。

大家在酒酣耳熱之際，我突然想到一個很久的問題，一直找不到答案，此時正可以借小林的書房一查。我提出了建議：「小林，能讓我取下中間那一本書查一個我要的資料嗎？」我指著《大英百科全書》說。

「哦！不行啊！會弄亂，我內人會生氣！」一付無法照辦的莫可奈何狀。

「沒關係，我查好以後，放回原位就是。」也不等小林同意，我就站在書架前，打開玻璃門要抽出其中一本。當我的手一碰到書本，心中嚇了一跳，怎麼每一本都連在一起？忽然，我想到多年前，我在擺設書房的時候，有一個裝潢工人就問我這些書你看不看？我說現在都擺著好看而已，已經不看書了，裝潢工人笑著說，那何必買書？畫一堵書牆不就得了？莫非，莫非小林也是畫一堵書牆？

我看到小林的臉由紅轉白，由白轉綠，突然把手縮了回來，關上書櫃門玻璃，對著大家說：「哦！今天大家喝酒吧，查資料的事，改天再查也無妨。」

「對嘛！對嘛！來來來，大家喝酒，此時看書多掃興。」小林臉色迅速恢復正常，端起酒杯向大家敬酒。

原載102、7、21中國時報副刊
人間新舞台「作家談心」

89. 風

風從東邊大門吹進，又從西邊大門走了，我把兩個門都關起來。風又從南邊大門吹進，從北邊大門溜走了，我再把兩個大門都關起來。

然後，風從窗戶吹進來，又從另一個窗戶溜走了，我只好把所有窗戶關起來。

整個房子關得緊緊的，可風又從縫隙中吹了進來，並且有時吹著口哨，有時呼呼作響，有時哀吟連連，坐在地上的我，聽著四面的風聲，彷彿四面楚歌，不覺淚流滿面。

原載102、8、26聯合副刊

90. 露

鄉下院子裡那棵老榕樹與我的生命彷彿不可分的唇齒關係。它的根鬚彷彿從我的頭上釘進去，沿著血管直到腳板。那年我還是個小學生，它已十分蒼老。如今，我退休了，數十年在社會上奔波後，鬚髮盡白，它仍然一樣蒼老，老得不能再老了。

小時候，功課不好，在校挨板子，回家挨罵，很委屈，跑到樹下，暗暗垂淚。升學考季，天熱難耐，在樹下苦讀，卻也年年過關。只是，晚上老輩們在樹下乘涼，我未能參加而已。

如今，退休了，與當年小時玩伴，在樹下喝了一杯又一杯，玩伴們個個不勝酒力，先後返家。只有我獨自在樹下獨飲。恍惚間，好像榕樹滴下了幾滴眼淚。

抬頭，什麼也沒有，只有夜空中一輪明月。我再喝了一杯，奇怪，又滴下幾滴眼淚。難道它也在為我不再能一展雄風而傷心？我站起來，摸著葉片，原來每一片都是濕濕的露水，我想它大概能體會我此時的心情吧！

原載102、11、10聯合副刊

91. 匾

在校園裡面亂闖，隨意走進任何教室，高興就抬頭聽聽老師說些什麼？不高興就伏在桌上大睡，而且發出打鼾聲，聲音大到同學都為之側目。

送到輔導室，輔導老師還沒有開口，他就先發制人：你們老師最假了啦！好像十分關心學生，怕我們誤入歧途，將來沒一技之長，怎麼活下去？是吧？你們還不是怕自己丟了差事，拿人薪水，聽人差遣，對吧？

輔導老師舉起手拍拍這位同學肩膀，正要說幾句交心的話，他又搶先說了：你怎麼可以動手動腳？身體髮膚受之父母，不可亂拍（還自己修改聖人的話哩）。

輔導老師只好把他送到學務處，學務主任正拿著教鞭在手，他輕輕的用教鞭拍打自己的手掌，他又發言了：主任，要用愛的教育哦，打人不但犯法，也要賠錢，甚至於丟了工作。報上不是說，某老師打了學生一個巴掌，賠了五十萬，你準備好五十萬了嗎？

沒有啊！主任迅速用手一抓，把他推進身後的儲藏室，用力把門關上。對著正在門內哭叫大喊救命的學生說：我就是不打你，也不罵你，我把你關在裡面，活活餓死，反正我也不想活了，被判死刑我也認了，怎麼樣？我們同歸於盡吧！

主任要退休前，他來了，帶著一個「誨人不倦」的匾來感謝主任：哈！哈！我就是吃這一套。

主任也哈！哈大笑：我也只有這一套，你如果不吃，我就沒輒了。不過你送我的匾要改成「侮人不倦」，哈！哈！哈！

92. 等

她每天都到港邊等船回來。她說那年俊生要到日本讀醫學就是在這裡坐船去的。她從年輕等到年老。

後來建了中正機場，人家告訴她從外國回來的人，都不再坐船，不再由港邊回來。她改到桃園機場入境廳等。只是她常問人家，這裡沒有海水，俊生的船怎麼開進來？

「不是船，是飛機，飛機由天空飛回來。」人們說。

「空中又沒有水，飛機怎麼飛回來？」老婦人說。

「肖也！」每一個聽老婦人這樣問的人，都罵了一聲，走開了。然而，老婦人還是每天每天到機場去等。還是每天每天發出相同的疑問。老婦人今年九十多歲了。她還能再等多久？

93. 寫作

夜半靜極，突聞一陣沙沙沙的抄寫聲從書房傳來。

「奇怪，是誰偷偷摸進我的書房？究竟在抄寫些什麼東西？」披衣悄悄的走到書房門口。

在半掩的房門中，我窺見一個身影，就坐在我平日書寫的位子上埋首疾書。

「怎麼也穿我的卡其色的夾克？怎麼也留和我相同的髮形？背景和我極為相似，甚至是另一個自己。」

我又悄悄的退回房門想著，在一陣迷惑中又不知不覺的睡著了。

第二天清早，妻打著嚴重的呵欠替我做早餐，嘴裡埋怨著，「整晚不睡，不知在忙些什麼？」

我看著我雜亂無章的書桌，許多不知所云的句子，丟在桌旁的垃圾筒裡。搖頭苦笑起來。

94. 告別

四周的林木，鳥類的叫聲清脆悅耳，但我聽得心思煩亂。十幾年了，來到這裡也有深深的感情了。本來是雜亂無章的山坡地，我們種了果樹，有些已收成多次了。本來是亂石一片，我們雇怪手推出了小步道，彎曲蜿蜒，頗有層次美。我們也挖了魚池，各色魚在水中悠游，池畔觀魚，也頗有樂趣。

我們就與一家民宿比鄰而建了一座兩層樓別墅，偶而民宿主人會邀我們一起喝茶品酒，聆聽他與妻子年輕時浪漫的故事：我是一個原住民啦，我內人是附近縣城名高中的高材生啦，父母反對我們交往，她就跑來跟我開民宿，許多老客人都因聽了我們的故事，而常常來山上與我們聊天，故事就只有這樣啦……。

是啊！我不是到處找故事嗎？這裡就時常會有一些客人前來說他們的

故事。如今竟然賣了，我們別墅的主人不在了，兒子毫無留戀的就賣了。我們也沒有辦法，只好依依不捨的四周看看，像告別戀人一樣的，和這裡告別了。

再去尋找吧！不是有人尋到老舊礦坑、磚窯、老房子而開起了咖啡屋，許多客人因而找到他們要的故事。雖然傷感，但告別這裡，才能找到下一個充滿故事的地點啊！

回頭望望鵝公髻山，依依不捨的向她道再見，黯然走下山來。

95. 獎

就在上台領獎的時候，林老師手牽著一拐一拐的小明，卻被小明突然拉到獎台下方。小明還死命踢著兩隻變形瘦弱的腿，臉部扭曲變形，嘴巴發出怪吼聲。

這時台上台下的人都被嚇呆了。林老師抱起仍然一直掙扎的小明走上台。司儀喊著：頒發今年度特別教育耐心獎。

主席請來一位德高望重的人士頒獎之前，在麥克風前面只簡短說了一句：「這就是林老師應該得的獎。」

掌聲響起，林老師接過獎杯，在麥克風前說了一段話：「領這個獎，我覺得慚愧，小明在我手上已有一年的時間，但一年前和現在，一模一樣。他的父母放棄了，不知去向，沒有學校老師願意接手，只好留在我身旁，做我研究的樣本，我希望有一天，我可以研究出改善小明狀況的方法……」。

主席再度走到麥克風前，仍然是那句：「這就是林老師應該得的獎。」

96. 成就

好羨慕某人的成就啊！每一個人都這麼說。

有一次我遇到一位公司的董事長，看起來很普通的歐吉桑，卻有八家公司，幾百億的資產，讓很多人露出既羨慕又不可置信的眼光。

我私下請教他，他說沒什麼，因為他窮怕了，所以很拚命。曾經做個酒店的掃地小弟、火車、汽車上的貨物推銷員，也到夜市、馬路旁擺攤……幾乎做了三百六十行，再加不知多少行。

「但是這麼拚也不保證成功，還要有幾分機運。」他最後客氣的說。

「還要會把握住每一次機會。」我自作聰明的接話。

「老弟，我看你很聰明，但只會空談理論。」他做結論。

這段對話已很多年了，那位歐吉桑事業版圖也越來越大，而我仍停留在研究如何成功的那個點上面。

97. 致命的誤點

小王是我的表弟，很會控制時間，約會總是準時到達，很少失誤過。有一次他卻告訴我：「表哥，我可是犯了致命的誤點。」他一臉頹喪。

「怎麼啦！你不是每次都掌握得恰到好處？」我奇怪的發問。

「你知道嗎？高雄有一家公司招考幹部，經過層層關卡，只剩兩人要給總經理面試。本來我算好坐高鐵可以按時抵達，卻不料高鐵故障，停擺了好幾小時，雖然雇計程車趕去，還是來不及，錯過一次很好的機會。」表弟很失望的神情。

「想開一點，說不定有更好的工作等著你。」我只好這麼安慰他。誰叫他不提早一天到公司附近待命？坐飛機有時也會誤點啊！

98. 詩的解讀

詩的解讀，依每個人不同的體會而有不同的意義出現。二〇一三年五月出版的《文學人》，陳福成以一萬二千多字的篇幅，用禪的角度，析論了我的詩集《一朵潔白的山茶花》，令我十分意外，也十分佩服。

其實陳福成也自承詩非他的專業，但他用禪的角度去解析我的詩，卻使〈一朵潔白的山茶花〉和〈一隻翠鳥〉等詩格外有味道。這一點，讓我對詩的解讀有了新的看法，那就是：讀詩，不一定要由專業詩人來導讀。

文中提到〈黃山三首〉中的〈歸園〉乙詩，對詩中我寫的「看到一雙張望的眼睛」有所不解。這就歸咎於我寫詩時，突然被「賽金花」的故事影響，想到「歸園」乃由「賽金花故居」遷建而來，才會有那一段敘述。不過，讀者若不知賽金花的故事，做其他解亦無妨。

對詩的閱讀角度，我突然變得好大好大。

99. 怡然自在

退休後搬到新北市永安捷運站附近居住，一則有捷運，方便我到台北市參加文友活動聚會；再者有四號公園，可以運動散步休閒，更有國立台灣圖書館，可以借閱各種書籍；最重要的是只要一開窗，就可看到中和附近的山，鬱悶的心情，往往隨著青山上面的浮雲，飄得無影無蹤。

但人生很難事事如意，也不好規劃，原來以為如此可以長久看山，思考一些寫作題材，卻不斷有高樓在遠近各處興建，於是往烘爐地方向的山不見了，新店方向的山也不見了，代之而起的，竟是一座座水泥森林。

還好，這些建築在銷售完之前，都會在屋頂四周裝上各色燈飾，夜晚算是另有一番景象。

於是，我告訴自己，隨遇而安吧！即使鄰近大樓的燈火，也可以像西湖夜景的五光十色，更可以像桂林陽朔兩江四湖的魔幻燈影，什麼地方，都有可以欣賞的特色。

如此一想，也就很怡然自在的住下來了。

100. 低頭族

所有的情形，跟電視上報導的完全一樣。

一位小姐背著包包，包包重重的垂掛在小腹前，低著頭，按著手機，走得很慢，有時又停下來繼續按點好幾下手機。應該是低頭族，我想。

她走得靠近我的時候，我低頭一看，包包裡面是一個熟睡的小嬰兒。女孩不到二十歲吧？我想。她終於低頭看了一下嬰兒，再繼續玩手機。

她走在公園旁的人行道上，不用怕車撞，不會像一些低頭族走在路中央，也在玩手機，常有被撞飛的情形。

她不怕踢到階梯、雜物、小石子？我想。

她繼續慢慢前進，繼續玩著手機，小嬰兒繼續睡著。

101. 告密者

我的朋友小張殺人了，正在接受偵訊。

「怎麼會呢？」我想不透，他是多麼「古意」的人啊！

「或者有其他什麼我不知道的原因吧！」我想只要過一段時日，一定會偵訊出什麼眉目來。

「我只是不希望我的老闆每天悶悶不樂，才告訴他老闆娘愛上了她的美術老師的。」被殺的小弟躺在醫院的病床上如此說。

「我是氣小弟亂說，讓老闆娘不快樂，才忍不住殺他的，我恨自己居然未能殺死他而讓他繼續亂說。」

「老闆是看老闆娘每天在店裡悶悶不樂，才讓老闆娘去學畫畫的。」另一名員工說得較多：「而且自從學畫之後，每天都快快樂樂，眉開眼笑。」

「我最不該說的是告訴老闆，有關老闆娘都接受老師單獨閉室教學。」

小弟一面叫痛，一面還是不停的說。

我還從許多閒雜人等中間的對話，聽到了各種不同的評語：

「唉呀！誰叫小弟多嘴呢？」

「老闆為了讓太太快樂，做了很大的犧牲啊！」

「亂講，都是瞎猜，誰又看到了真相了？」

幾年後，小張坐完牢出來，知道老闆和太太搬到別的地方做生意去了。原來的店，小弟頂下來繼續營業。

「那時我太年輕了，不懂人情事故。」小弟，不，新老闆輕輕搖了一下頭，這麼說：「我不應該做一個告密者」。

102. 文學閱讀

文學形式的變化，古今中外都一樣，都會變。楚辭、漢賦、唐詩、宋詞、元曲……一直到新詩。

但不論那一種形式，讀來有情有味，內心頗受激盪，方覺不虛此生，擁有名作再三吟詠而後快。

近讀不少新詩，或曰後現代，竟然完全無法品出其中滋味。吃菜而吃不出酸、甜、苦、辣，不知食客如何能體會人間愉快，美味在那？

我想即使是吃油封鴨腿，也要能輕易剝下皮骨，方得品嚐到其中滋味如何，肉質軟爛否？若是上來之菜，仍是大量油脂把肉密封，如何得知其中滋味與一般烤鴨，有何不同？

讀文學作品而無法解開作品外在之層層包裹，豈不如同食不知味之菜餚？因此文學作品還是希望能在日常生活的情味濃厚處去找，否則必被讀者丟進垃圾箱也。

103. 畫家

我五歲的兒子立志做畫家，問他想畫什麼？他豎起大姆指說：「大大的人！」還不會使用偉字的兒子只說了大大的人，我瞭解其意。

他畫了一個人砍倒了一棵樹，我說：「你在畫美國總統？」兒子很高興，說媽媽說的，做總統要砍掉一棵樹，但兒子忘了媽媽說要誠實承認自己砍的。

他又畫了幾個人把禮券放在地上，另外一個人伸手要去拿。我知道了：「你是說這個大人物沒有親手從這些人手中拿禮券？」兒子很高興說那是報紙說的。

兒子一面塗鴨，我一旁做解釋，兩人的笑聲塞滿了屋子。老婆從廚房發聲：「幹什麼那麼吵？」

「沒有啦！兒子在當畫家！」我拉高了嗓門。

「可不能把我們的家都畫滿了哦！」妻也拉高了嗓門，在廚房中往客廳發聲。

原載96、5、10中華副刊

104. 琴聲

那位智力有障礙的音樂家是誰呀！在新作二重奏的演奏中，日本指揮家小澤忘了是他六十歲的生日，俄裔流亡多年的年老大提琴家忘了自己的流亡，阿根廷裔明艷的女鋼琴家忘了自己的明艷，紛紛用耳朵詢問。於是耳朵迅速生長了起來。

迅速生長的耳朵越來越長，左耳伸到空中，聽見月光，月光如琴聲，順著頭髮而下，而手，而足。

右耳伸到河岸，伸進河中與河水一起奔湧。河水沿著耳朵，順著頭髮而下，而手，而足。

左耳的月光，與右耳的河水，會合成智力障礙音樂家的名字。

那個人的名字在大江上閃爍，一片耀眼迷人的光芒，所有人的眼睛都張大起來，大到看到宇宙內所有的細草，以及微風吹拂的岸邊。

註：讀陳黎散文詩〈對話──給大江光〉後有感而作。

原載96、5、10中華副刊

105. 石頭

寒冷的冬夜，一位冒汗的青年詩人，帶來了一疊詩稿，激動地訴說著如何在狹小的山路爬行，跌跌撞撞。

我為他沏的茶，他一點都沒喝。

聽著年輕詩人的訴説，放在案頭的一粒山石，突然讓我想起。數十年前，也是爬行在某山區時撿回來的一顆不起眼的石頭。在我思考一首詩作的時候，已被我的手摸得油亮。

我拿起不久前在某溪畔撿回來的三顆溪石之一，送給這位青年詩人：「不急，不急，那天你把這顆溪石粗糙面摸亮了再説。」

後來我的另兩塊粗糙的溪石也送給了另兩位年輕詩人，只是，不知它們被摸亮了沒有？

106. 礁石

浪一波一波襲來，打在岸邊的礁石上。我默默注視著一波一波的海浪與面目奇形怪狀的礁石。

那猙獰的面目，也是海浪雕琢出來的嗎？

那千瘡百孔，也是海浪雕琢出來的嗎？

那怪石嶙峋要花多久時間去沖刷？

那坑坑洞洞要花多少心思去設計才會如此完美？

波浪一次再一次襲來，我的詩也將一次再一次刪改。

107. 路

一條路指向東方，一輛車載著藍色的夢，奔向東方。
一條路指向南方，一輛車載著綠色的幻想，奔向南方。
一條路指向北方，突然又指向西方，有人更看見它指向東南方，一輛車子載著五彩繽紛的激情，東西南北的奔竄。
一群人的目光夾雜著惶恐、茫然、和悲哀。

108. 風的呼號

我看著對面的窗，一個纖細的影子在窗帘後面晃動。我的身體突然被一種莫名的力量搖晃了起來。我記住那晚的森林夜色黑得什麼也看不見，只感覺所有的樹都在搖晃，一種狂野的力量，令人無法抵擋。

「他去那麼遠，那麼久，把我當成什麼啊！」是她在搖撼，還是樹林在搖撼？是她在呼號還是風在呼號？

我不知道，對著窗帘後晃動的影子，不知不覺被一種力量吸引，牽引我走向那一片樹林，那一片黑色的森林，那是一種致命的吸引力。

「我不管，我不管，我什麼都不管！」是風在呼號？淒厲的呼號，直穿透我的心的呼號。

原載102、10、4聯合副刊

109. 騙

一群青蛙正在田邊等待捕蚊，每個夜晚剛到來，最先報到的是群群的飛蚊，群蛙正好飽餐一頓。

此時，忽有一盞光在遠方晃動，群蛙驚恐，紛紛跳到田邊水圳。只有一隻仰頭讚嘆。啊！光明，我渴望已久的光明。

青蛙在捕蛙者的籠中時，面對一片黑暗，突然頓悟：原來我被那盞光騙了！

110. 一對老夫妻

老先生病得很重了，他告訴一旁照顧他的太太說：「如果我死後，妳可以打開床邊的那個紙箱子，那是我留給妳的禮物。」

「哦！親愛的，」老太太也從床下拉出一個木箱：「這是我給你的禮物，我本來身體比較差，以為會比你……」

「那現在我們就不妨先交換禮物吧！」

「也好！」

兩人同時打開禮物，老先生看到好幾本日記，翻了幾頁，眼淚掉了下來。

老太太也打開禮物，看到好幾本寫得密密麻麻，而且泛黃的信紙，也翻了幾頁，眼淚也掉了下來。

老先生和老太太就這麼一直相對流著淚……

111. 麻雀和老鷹

麻雀和老鷹在我的印象中是十分恐怖的禽鳥，牠們時常在我噩夢中出現，把我連拖帶拉，掛上電線上成為枯骨，懸在遠方的大樹上，成為人皮風箏。

之所以如此，乃是因為小時替大家看守稻田和曬穀場。那時，成群的麻雀佔據了稻田四周的電線，幾乎讓兩支電線桿中的電線因重量過大而下垂。老鷹則時時在曬穀場上空盤旋，窺視稻埕上的小雞。

為了驅趕麻雀和老鷹，我想盡了各種辦法。做稻草人，用衝天炮，敲鑼打鼓，自制彈弓……各種方法都無法完全達到驅趕的目的，有時弄得精疲力竭躺在田壟，幾乎被嘰嘰喳喳的麻雀聲啄成一副骨骼空架子。

所以，我一生中最常夢見的是遭受麻雀和老鷹的攻擊，尤其成群的麻雀，常把我掛在電線上風吹日曬，眼睜睜看牠們啄乾淨所有的稻子。

至於較少進入夢中的老鷹，也把我銜到半天空中，成為東飄西盪的影子，沒有力量的影子，只能眼巴巴看小雞被老鷹叼走，越飛越遠，連同我的影子也越飛越遠，直到消失不見。

112. 寫詩有感

我攤開稿紙準備寫詩的時候，妻養的小白貓跑來聞了一聞我的稿紙，我摸摸牠的頭說：你也要寫詩嗎？貓兒喵了一聲，躺在我的稿紙上。

我打開墨水，準備以筆沾水開始寫詩，貓兒從稿紙上翻身而起，以鼻子在墨水瓶口聞了起來，我說：你也要寫詩嗎？貓兒搖了搖頭，打翻了墨水瓶，墨水溢滿整張稿紙，我對著橫七豎八的線條苦笑。

我拿起一本現代詩選讀了起來，貓兒擠到我懷裡，用嘴對著詩選舔了起來，我說：你也要讀詩嗎？牠竟喵了一大聲，咬破了兩頁詩選，跑到廚房找妻。

我走到廚房，看到貓兒正在舔著牠的魚頭，妻正撫摸著貓兒的背。

原載　自由副刊

113. 阿雄

大我兩歲的阿雄，每天搬桌椅為我演布袋戲。

戲尪仔只有兩個，其他都用毛巾手帕充數。

自命是「勝五洲園」主人，引來了當時家鄉「五洲園」主人的抗議，阿雄並不理會，他說：「我只演給你看，又不收錢。」

我太佩服阿雄，他竟能單車載我，雙手放空手把，幫我演「關公斬華雄」。然而，有一次關公大刀一揮，太用力的阿雄，把腳踏車衝下了山谷。

臨時跳車的我，只能呆立在上面呼叫，可是一點回音也沒有，直到五十年後，我仍不知道阿雄是否仍在山谷中演布袋戲。

只是，阿雄時常在夜裡，為我夢中斬華雄。

114.決心

他拿著退休申請書，看了再看，抬起頭看了四周埋首辦公的同事一眼，再看看窗外那棵大樹，怎麼突然覺得那年來時還是小樹的黑板樹，好像變成老樹了。

尤其有一片將落未落的葉子，好像和正翠綠的友伴們依依道別，也好像正沉思規劃著某些事物。突然感到窗外吹進一股冷風，我的春天已經遠離了嗎？

一陣救火車的笛聲。探首窗外，原來隔壁老街火警，老舊的木造房子，燃燒得很快，救火員十分用力。我覺得這些老舊的建築應該要保留，於是飛奔而下。已燒掉一半的建築至少還應該搶救，我提著水衝了進去。

躺在燒盪傷病房，同事紛紛前來探視，我求人事主任，請馬上把我桌上的退休申請書拿來，我要立刻簽字。

115. 裁判

一群選手奮力的向前游，通過層層障礙，打下無數敵手，一名游在最前面的選手，正準備衝過終點線，許多裁判正拿著紅旗迎接牠。

突然一粒卵子衝向牠的身後，抱住成千上萬選手之一，大呼：我才是真正的裁判。

116. 交通事件

一對新婚夫婦在洞房花燭過後的第一個早晨，新郎醒過來看到身邊的新娘，突然大呼：「妳是誰？」

然後喃喃著：「妳不是長睫毛大眼睛……」新娘裝上了睫毛。

「妳不是高鼻子？」新娘裝上了鼻子。

「妳不是……」新娘裝上……。

打開房門，新郎向馬路狂奔，在車陣中穿行，引起一陣交通大亂。

117. 那天

那天他自己也不知道為什麼會從上班的路上突然走向火車保養場而後坐上一列空洞荒涼的無人車廂，什麼也不想的坐了一個早上。

中午時車廂動了，原來是要南下高雄他坐到台中時突然衝出車廂坐上北上的電聯車回到新竹時不知道想到什麼又衝出車廂坐上南下的海線平快車到達沙鹿。

回到台北走到公司門口同事已紛紛打卡下班他坐在階梯上號啕大哭起來。

118. 小蓮

他每次回到故鄉，總會到小時候玩家家酒的稻埕閒逛，那個林家的稻埕已沒多少人在晒稻子，四周林氏家宅也都是空户較多，但每次來閒逛都會想到小時候玩的家家酒以及做他新娘子的小蓮。

小蓮的父母還住在林氏老宅，他去閒逛偶而會遇上。小蓮歸省。第一次是他離鄉讀書返家渡假，小蓮帶著一個小女孩。第二次是當兵放假回家，小蓮帶著一男一女還挺著大肚子。第三次則是公司裁員，他被裁後待業中返鄉散心。那次小蓮哭訴老公到大陸包二奶不歸，小蓮的父母正在安慰小蓮。

以後就未再遇到小蓮，直到小蓮父母去世，小蓮家的老宅一直沒有人居住，鄰居也都説未見過小蓮回來，父母都已不在，回來做什麼，他想。

可是他的父母也不在了，自家老宅也沒人住了，他還是常常回來，回到林家稻埕閒逛，想著那個綁兩條馬尾的小蓮。

119. 魚夢

那夜我夢見自己是一條魚，悠游在清澈的河水中，岸旁的垂柳風姿迷人，一時忘情，吞下了垂釣者的魚餌。在盤中的我瞪大了眼睛，張開口一開一闔，卻發不出聲音。

眾多客人，人手一雙筷子。有人挾去了我的背脊，有人挾去了我的腹部，終於痛得我大喊一聲：「不要吃我！」

睡在旁邊的妻用力搖著我：「什麼事？」

「我希望單純的悠游，不接受任何誘惑！」我半迷糊半清醒的說。

「不容易啊！男人幾人能夠？」妻翻一個身睡著了，我仍然張大著眼睛，口一張一闔，彷彿一條床上的魚。

120. 三十年

河流把船推開的時候，我正用力握著你的手，你的手好無力，但是你仍然不願意走，你還要再打拚，於是，你說：「做一個醫生，沒有放棄病人的道理。」

於是我和你揮了揮手，順流而下，如那一片落葉順流而下，如那一塊浮木，順流而下，山在招手，但是我是回不去的森林，我順流而下。

三十年後，如果我回來，你是否如土石流推開了那座山？是否如蝴蝶拒絕了那一片花園？三十年，我想，那真的需要三十年。

121. 鏡　子

我用鏡子排成一列，先用一個鏡子逆向陽光，把光投射在一個鏡子上，再由這個鏡子反射向另一個鏡子使光再折射到另一個鏡子，如此一射二，二射三，三射四……一直下去。我想最後一面鏡子射向高牆的時候，高牆會轟然而塌？還是有一道強光射向虛空？

就這樣玩了幾十年之後，前面的預估一點也沒有發生，只有其中一面鏡子告訴我：「你的皺紋已爬滿臉孔而且四處亂竄。」一股倦意，沿著身體，向下降落。我把所有鏡子收集起來，放在我多年寫好未發表的稿件旁。當我睡了一覺醒來，竟然是：

我所有未發表的稿子都燒成一堆灰燼，原來它們投在一起，而且焦距十分集中。

122. 夢見李金髮

正在苦惱寫不出一首詩時，我遇見了象徵詩人李金髮。哦！我好興奮，正是他引進法國象徵詩，人們稱呼他詩怪。對！正是他，我的偶像。

「我急啊！寫了幾十年，又是研究理論，又是翻課外國名詩，還是一籌莫展。」我向他訴苦。

「你想成名？」他側著頭，用奇怪的眼光看著我：「我帶你看看成名後的我，現在怎麼了。」他帶我到他養雞的場子。

「原來你在美國養雞？生活過得怎樣？」我更急切。

「不怎樣，你看很多名詩人都不怎樣。」他帶著我繞著養雞場，雞屎臭氣沖天。

「來，我幫你餵雞，你教我寫詩。」我拜託著，很誠懇的。

「好啊！那邊是飼料間，那邊有開關……」他熱心的指導我。我照著他的意思做，可是，一不小心，開錯了指示開關，一下子落下太多飼料，變成雞飛狗跳。我被驚醒。

「啊！原來我在做夢。」手中拿著一本詩報，正是寫著李金髮的研究。

他晚年曾在美國養雞，生活過得並不如意。

那個詩人之夢又過多少年了？忘了！詩人赧然一笑。

123. 布袋戲

每天下午我到公園閒坐時，那棵老榕樹下總坐著一個老人，老人以左手猛掐右手，並且模糊的說什麼要殺死他，他殺太多人了。

我看他一副慈眉善目的樣子，十分奇怪，不覺多看了兩眼。

「啊…不好意思！」他靦覥的點了點頭。

「沒關係！」我搖搖頭表示並未在意他的表現。

然而，每次我偷偷的，遠遠的注意他時，他仍然在重覆那個動作：「用左手掐住右手」然後猛叫掐死你，你這惡魔。

於是一個簡單的動作，引起了我的好奇：「他過去有什麼樣的遭遇？什麼樣的歲月？他的心中有什麼陰影？」

有一次我正偷偷觀察他而且進入一種忘我的時候，有人拍了我一下肩膀：「不要想得太多，沒有什麼苦楚凝結在我心中，我只是懷念小時候和玩伴玩布袋戲。」啊！真的？

124. 藝術陶瓷

本來我以為是帆船出航，但看了半天，乃感覺似乎是一個美妙的少女匍伏前來，也像一隻孔雀，張開美麗的羽毛，亮著千隻眼睛。

多年了，他從國外回來時，就親自送來給我，我問他這個陶瓷的造型和涵意。他說：「你看似什麼就是什麼！」然後我又問他：「是不是仍對島嶼充滿改造的熱情？」他笑了一笑，介紹一位國外一起進修多年的好友給我，他有著慧黠的眼光。

每次我把玩這個陶瓷的時候，總會想起這位「你看似什麼就是什麼」的朋友，可惜他在一次高樓意外跌落死亡，多次的街頭運動也只留下一些報紙上空虛的畫面，不久即被人淡忘。倒是他帶來的那位有著慧黠眼光的朋友，行情越來越高，已多年不再聯絡了。

我看著朋友送我的藝術陶瓷，想像他像美女匐伏前來，張開美麗的亮著千隻眼睛的翅膀，原來他竟是告訴我，他是要出航的，對，他是出航了，不再回來了。

125. 那長長三十年的鐵軌

上學的時間，通勤的火車經過，就想起那個影子。那個像老鷹張翅欲飛的樣子，那個像小松苗努力生長的模樣，影子越來越深刻清晰。

就那樣消失了嗎？啊！他張翅欲飛，竟然飛進車輪底下，他昂然生長，竟慘遭摧折！

火車隆隆過去的時候，我都會一陣暈眩，一陣頭痛。三十年像鐵軌一樣長，還在無止盡的延伸，什麼時候那刺痛會減輕？什麼時候那振翅欲飛的影子會模糊？

126. 海嘯和浪花

我兩個非常有天才的鋼琴學生，在昨天和今天，分別為無法彈奏一小節困難的音符而被我罵哭時，我看到她們兩人的淚水互相碰撞而激起大大的浪花。

正在此時，我另一名已畢業多年的天才學生，已經學成歸國，準備在國家演奏廳公開演奏時，報紙刊出她竟在前一天割去了右手中指和食指。

面對著報紙，我一時驚嚇得不知如何面對這突如其來的海嘯，至於那兩朵互相碰撞的巨大浪花，還在拍打著岩石，發出巨大的吼聲。

127. 肚子疼

那時候我正肚子絞痛，蹲在廁所裡面用力的想排出所有的苦難，然而偏偏卻此事不順，我聽到了一段很有意思的對話。

「我已瞞過我的導的，你呢？」

「我還沒跟他說，你說什麼理由？」

「還不是說祖父過世了，老師說，那來那麼多祖父，我說以前的內祖父、外祖父，現在是第三個阿嬤再嫁的不知道怎麼稻呼的祖父。」

「那我說病了好了，反正以前頭痛、胸痛，現在是肚子痛。」

「那你要快哦，我在西市場東側等你。」

果然在我大難過後，剛坐下辦公室的寶座，我那位寶貝學生就來請假。

「你是肚子痛？」我說。

「嗯！你怎麼知道？」

「反正以前頭痛、胸痛，現在當然是肚子痛。」

「哦！不，本來有一些痛，但剛剛上了廁所，好像不太痛了！」學生有點臉紅。

「那不用請假了？」

「哦！不必了，我請十分鐘到西市場東側買一點消化劑就好了！」

學生去了以後，我的肚子居然又痛了起來，匆匆忙忙又跑了一次廁所。

128. 達那伊谷

達那伊谷的螢光一直閃爍，它讓這裡的族人升起了記憶，升起了不靠別人，環境清幽乾淨，人們有自信的記憶。升起了，對，像旭日升起，像十五的圓月升起。滿滿的拉開弓，射向祖靈的山頭立石，那個族人立誓的碑石。

不再有悲愴，不再有暗夜的狼嗥，而是慶豐年的石杵擊地的紮實咚咚聲。沒有賣女的悲慘哭聲，沒有棄嬰，高山鯝魚，它閃著希望的鱗光。

我們為什麼要哭著回去？阿里山的神木閃著亮晃晃的招牌，族人的保育為它塗上更亮麗的色彩。我們為什麼要回去？回到那自卑的從前？我們不回去，我們穿起祖先英勇的戰袍，我們拉開自尊的長弓，滿滿的長弓，射向剛升起的月亮。

為什麼要回去？我們不回去，我們讓高山鯝魚一直閃著希望的鱗光，我們不回去，我們向前奔馳，奔過二十一世紀混亂的文明，我們向前奔去，奔去……。

129. 拼湊圖

我們的探險隊竟然因為看錯地圖而深入一個危機四伏的密林，我們避過了野生猛獸，毒蛇毒蜂毒蚊而發現了一個小小的山洞。

這個山洞曾經有人住過，留下一些雜物和一本破爛不全的記事簿。我翻了幾頁，拼湊出一些奇怪的句子。

例如：「我看到他一直向我逼近，我一再後退一再後退，然後退進一個深深的黑暗裡。」

例如：「我要穿洞而出，但是洞口被那些搜尋的眼睛封死了。」

例如：「我躲在這裡，沒有東西閱讀，我只有讀我的掌紋，讀我的腳指，讀我的心跳。」

例如：「你以為我會怕那些毒蛇猛獸？太好笑了，我最怕你啊！」

例如：「我這一張嘴不必被限制說什麼話，這一枝筆不必被限制寫什麼了。」

例如：「我以前最喜歡求神明的，現在什麼都不求了。」

我翻著破碎的紙頁，努力的拼湊著，只能拼湊出這麼幾句。你能讀出什麼來嗎？

原載　自由副刊

130. 寫

我要寫，拼命的寫，滿腔話語要寫，心事要寫。

「你名氣？」「不大。」

「你年齡？」「偏高。」

稿子拿了回來，我找出版商，自費出版總可以吧？

「每一個人都唸了點書，會寫。每一個人都有個五萬十萬的，可以應付得起印刷費。書印多了，誰看？」出版商搖搖頭，揮揮手表示可以抱回稿子。

繁忙的馬路，人那麼多，車那麼多，怎麼突然悲涼起來？

坐在書房的窗邊，突然感到星光十分溫暖，月光十分多情，它們仍然偶然探頭進來關懷我。

寫，我還是不停的寫。自己刻鋼版自己印，影印，總可以吧。淚，悄悄流下。

131. 遊　民

一個遊民全身髒兮兮走近早餐店的垃圾桶翻找食物。他找到一瓶未喝完的飲料，就直接以飲料蓋上插著的吸管，用力的吸了起來。由於太用力了，滋滋聲吸引店內顧客的注意。所有顧客都停住了低聲交談，停住了享用早餐，尤其停住了情人的親熱。

此時店老板煎了一個漢堡，用紙袋包好，外加一瓶新的飲料交給遊民。店內的人又恢復了進食，交談。遊民一面咬漢堡，一面吸飲料，滋滋聲仍然很大。他走著，低頭吃著漢堡飲料，不久背影消失在街頭的轉角處。

看著他的背影消失，我竟流淚了。常在公園的亭子裡看到他裹著破棉被，度過寒冷的冬夜。他沒有家嗎？親人在那裡？

早餐店的電視正在播報晨間新聞，某首長正在高談社會經濟發達以後的社福政策……。

132. 橘子

從市場買菜、買水果回來經過每天經過的早餐店，看到每天在翻垃圾桶的遊民，正在吃一顆腐爛的橘子。

「那個不要吃了，這個好的給你。」我拿了一個新鮮的橘子遞給遊民。

「不都是橘子嗎？」他拿著我給他的橘子，吃著他自己撿的橘子走了。

133. 出版詩集

出了一本詩集，手工本的，只此一冊。

詩分三輯，第一輯「從前的我」，只有輯名，詩頁部份完全空白，我留了幾百頁。第二輯「現在的我」，只有一頁也是空白。第三輯「未來的我」只有幾頁，仍然是空白。

每天，我都拿出這本手工詩集翻閱。從「現在的我」一輯開始，往「未來的我」讀下去，一下子就讀完了。乃回頭讀「從前的我」，一頁一頁翻著，好久好久才翻到第一頁。詩集「哇」的一聲掉在地上。

我撿起詩集，在第一頁空白上寫下「真想回頭寫這一頁啊！」

原載96、12、17中華副刊

134. 巨大的身影

學校早就把單身教師宿舍拆了，改建為停車場，但我還是常回去巡禮回憶一番，即使已退休多年，還是如此。

每當我走進停車場，我彷彿看見那些當年由軍中轉役而來的教師，有人孤僻古怪，容易拉高嗓門罵人，有一位姓袁的老先生即是，在我尚未購屋之前，暫居單身宿舍，有幸做他的鄰居，常為許多小事領教他的教訓。

有位姓朱的國文教師就不會如此，你做什麼都與他無關，他不會主動跟你交談，也不會大聲罵人。每天我看到他都在書桌前排麻將牌子，日久覺得奇怪，我便問他，他說他在排戰鬥隊形，他說他以前國共戰爭時常犯戰略、戰術錯誤，原來他是師長退役轉任中學教師。

過了一、兩年，朱老師不再排麻將牌，改為用手轉動兩個鐵球，我再問他，他說他在旋轉乾坤，扭轉日月，這時我聽得一愣一愣的。

後來朱老師、袁先生都到榮民之家去了，單身宿舍也拆了，我也退休了。退休之後為了健身，也排排麻將牌子，也扭扭金屬球，卻沒有戰鬥佈陣或扭轉乾坤的感覺，有的，只有朱老師巨大的身影，常出現在我的腦子裡，陪我排排棋子，扭扭乾坤球。

135. 賭 夢

夢見自己在一艘豪華郵輪上，一面跳舞，一面摟著漂亮的妹妹。一起喝紅酒，一起賭輪盤。好熱鬧，好興奮，好風光。

賭光了所有財物的我，被趕下一艘帆船中。在帆船上的我，又和風豪賭，連船上的風帆又輸了。

輸了風帆的我，只能用雙手當槳，划起獨木舟。划著獨木舟的我，又和海水豪賭，輸了我的雙臂。輸了雙臂的我，只能呆坐在獨木舟中任水漂流。

任水漂流的我，望著茫茫的海面，不覺悲傷的驚醒過來。驚醒過來的我竟發覺——自己躺在床上，用身體猛搖木床。

原載96、12、17中華副刊

136. 詩為文老添衣錦

二〇〇七年六月，移民澳洲的散文作家李雲娟回到台灣，熱心的郭信福便一一打電話邀約陽明山「煙酒班」的同學到屏東同鄉會館聚聚。有文老夫婦、周玉山教授、林錫嘉、余玉英……等與會。大家看到文老身體尚佳，雖說話有些喘，但還滔滔不絕，且表示秋天要到青海開詩學研討會，都為他高興。

那裡知道，只隔了半年，就突然接到文老已仙逝的惡耗，接到訃文的當時，驚訝得說不出話來。大約過了十來分鐘，我喊在房內整理衣物的內人，向她報告文老過世的消息，內人也震驚不已。幾十年來文老一直是我們亦師亦友的少數交往較密切的文友，此刻，真有痛失至親好友，五內俱碎之感。

一九八六年十月，我有幸到陽明山「煙酒煙酒」，結識了許多文友，文老當時在我們那一群，最年高德邵，連周玉山教授，蔣震都要自稱小老弟。當時主編中華副刊的應平書，台視企劃賈玉華，大華晚報副刊主編吳娟瑜也都對文老十分尊重，經常請益，尤其請他提供文壇資訊消息。

就在那一年的除夕，《台灣日報》青少年版主編郁馥馨邀請文老和李雲娟夫婦、小孩以及我和內人、小孩一起到南投山上渡假。那天晚上，天氣雖冷，但視線很好，我們一起遠眺南投市區百家燈火，文老說他俗慮全消，且詩興大發，當場寫了一首詩。

印象中，文老十分謙虛客氣，每次出書都簽名贈送老友。有一次出版自傳《從河洛到台灣》，因成本甚高，我自己劃撥購買，拒絕他的贈書，他還時常「掛念在心」，以沒有送書給老友而過意不去。直到七年前我移居中和，他還在提此事，一直耿耿於懷。

我寫詩過程，時斷時續，沒有很用心，文老一直沒有當面提醒，他大概也認為「詩要寫不寫，悉聽尊便」，直到我出版《詩的旅行》，他才寫一篇評文〈三度空間論落蒂〉直言我「退休以後，才真的認真寫詩」，真是知我者也。這也是海內外少數評我詩作的文章，能不令我感激涕零？如今好友仙逝，何處去向他道謝？

第一三五期《葡萄園》有文老的〈遺言〉詩，以及李春生的〈遺作四首〉，我讀後頓覺被打了兩記重拳，突然猛省，人生何其短，我豈能再胡塗虛度？於是在接下來的一期《葡萄園》寫了一首〈兩記重拳——讀詩有感〉表示要期期寫詩一首。從那之後，我大概每期都有作品在葡刊發表，那時是一九九七年九月，距離我二〇〇〇年二月退休，只差不到三年。如果說我退休後寫詩有一點成績，那兩記重拳應居首功。

文老雖和善，卻也十分固執。有一期《葡萄園》上面，我發表了一篇評詩的文字，中間凡是提到某一位詩人的名字，他都刪除，後來一打聽才知道，他們之間詩觀不同，互相不爽，讓我無法釋懷他的作法，也是我中間停止寫詩的一大原因，我當時想「詩壇何其小，是非何其多」，何必淌這種渾水，停筆逍遙去也。

不過，二〇〇四年某一次詩壇活動，那位詩人從國外回來，文老還是與他親切交談。不知是否已盡釋前嫌？「死去原知萬事空」，這一切的恩恩怨怨應該隨文老之駕鶴西歸而像東流水，不再計較。只是，文老留下的詩文，將是人們整理研究的重要材料。葡刊詩友，是否儘速成立《文曉村全集》編輯小組，把文老的全集出版出來，應該是追思他的活動中，最有意義的。

元好問有兩句詩是這樣說的：「詩為禪客添衣錦，禪為詩家切玉刀。」文老一介平民，從教師退休，如果要論人生的輝煌除了詩外，應不會再有他物，好友們，珍惜文老的詩篇，使他的遠行，不再有任何牽掛！

原載97、2、21中華副刊

137. 建立溝通平台
——兩岸文化交流研商討論會紀實

二〇〇八年九月二十五日下午一時十分，參加「兩岸文化交流協商會議」的台灣代表團，齊集在台北火車站東三門大廳，人聲鼎沸，總召集人呂麗莉教授和執行秘書李慧珍小姐，不停的點著與會人士的大名。

這時候我的心情是興奮的，不是因為要到澳門參加研討會而興奮，而是因為能親眼看到那麼多久仰的藝文界人士。穿著西裝，十分幹練的台藝大黃光男校長，告訴大家他只是會笑笑的校長，大家被他的幽默弄得哄堂大笑。

還有穿著類似修行人士的林谷芳教授，一副仙風道骨的樣子。人陸續到來，文學界有南方朔、向明、周玉山、向陽、陳祖彥、落蒂、楊啓宗、雪飛、蔡孟樺和顧問綠蒂等先生小姐。

美術界則有江明賢、何懷碩、熊宜中、唐健風、楊奉琛、李沃源、許敏雄和曾肅良等先生。音樂界有陳澄雄、張清郎、潘皇龍、席慕德和楊忠衡等先生女士。其他攝影界只有莊靈先生一人。表演藝術有林谷芳和于國華兩位先生。舞蹈有蔡麗華、王凌莉兩位女士。戲劇則是林佳鋒執行長，原民文化則是吳雪月女士。其他傳播、媒體則有鄭貞銘、丁介民、徐彩生、鄭雅文、趙靜瑜、蔡惠萍、林采韻等先生女士。加上召集人、執行秘書，一行浩浩蕩蕩有四十多人之多。

大家雖然早就互相仰慕，但初次見面者也不少，不免一番寒暄、交換名片。領隊一再交代，若還有團員要發表意見，可以書面交給她。因為十天前在國父紀念館的行前說明討論會時，因時間不夠，不能讓大家暢所欲言，她感到非常抱歉，請大家多多包涵。

飛機抵達澳門時已是傍晚時分，團員用過晚餐，各自活動去了。夜晚澳門十分美麗，燈光十分迷人。聽説這裡賭場收入頗豐，政府有能力照顧弱勢人民，因此我和雪飛、楊啓宗、向陽、綠蒂、陳祖彥雇了計程車，專程參觀「威尼斯人」賭城。一行人參觀回來，紛紛大嘆人性真的好賭，裡面人山人海，政府怎能不收税收得不亦樂乎？兩天討論議程都排得滿滿的，對岸參加人士約有三十幾人，有來自北京、廣西、甘肅、浙江、全國各地代表及香港、澳門的人士。主席高占祥先生能詩能文，當場贈送自己書寫的長條横幅給蒞會的長官，該横幅長十幾公尺，十分壯觀，書法也十分工整。

經過冗長的熱烈討論，共獲得六點共識，近八十位與會人士都同意這是善意瞭解的第一步，有了這小小的一步，一定可以開闢出新的發展空間。兩岸藝文界人士，都盼望能推動兩岸文化交流，增進彼此的瞭解。為了交流進行順利，兩岸要設交流平台，制定方便交流的政策和法令，最好要有常設機構，定時到兩岸各地進行交流，只要交流多了，了解自然增加，誤會衝突自然減少。辛苦的討論之後，大會特別留下半天時間，租車載與會人士遊澳門景點，如旅遊塔、賭城、大橋、媽祖廟。其中旅遊塔最讓與會人士驚嘆，它是世界第九大高樓，上到觀景台，可以俯瞰澳門全景，尤其特別設置強化玻璃地面，可以從腳底往下看，讓人頭暈目眩，直起雞皮疙瘩。

短短兩天半的行程，讓台灣去的四十多位專家學者，累得人仰馬翻，回到台北，已是凌晨十二點三十分，沒有捷運了，除了有專人開車來接者外，其他人只好自行搭計程車回家。此時下著雨的台北，正遭受颱風薔蜜的襲擊呢，在風雨中，這些與會人士，不知道是否也會「風雨生信心」？

原載《文學人》第三期二〇〇八年十一月

138. 詩歌在黃山上燦亮

——首屆黃山歸園國際詩歌陶藝雙年展紀實

大陸詩人周牆經商有成，遂成企業家詩人，除了在大陸各地有眾多事業外，在黃山市建有新安山莊飯店，附近並購地興建徽派庭園一座，名叫「歸園」，以紀念賽金花。由於該建築取材自原有賽金花故居舊材，精心設計而成，遂成徽派園林建築的典範，許多要新造徽派庭園者紛紛請其幫忙設計、建設，事業越做越大。

早年喜愛新詩創作的周牆，並未因事業成功而忘了平生的心願，仍然繼續創作，並從二〇〇八年起擬每兩年舉辦一次「國際詩歌陶藝展」，這次是初辦，因此請西安詩人評論家沈奇幫忙發函邀請兩岸詩人共襄盛舉，同赴詩歌陶藝盛會。

邀請函於九月初發出，台灣方面請白靈幫忙約請，時間敲定在十二月五日至十二月十一日。老詩人們覺得氣候太冷，紛紛婉拒，但仍有羅門、管管、鄭愁予三位前輩詩人前往，另有汪啓疆、落蒂、蕭蕭、德亮、白靈、林文義、詹澈、夏婉雲及羅任玲等中生代和新生代前往。

十二月五日清晨六時四十分，一行人在台大校門口搭接駁車前往機場，趕赴九點四十五分的班機，飛往澳門，轉機飛到杭州。出了杭州機場，沈奇已在大廳迎接，因為幾個月前，沈奇才來台灣，並不陌生，相見時十分興奮，又是握手，又是擁抱，場面十分熱烈。接著一行人同搭遊覽車直奔黃山市。

車行五個半小時，終於在七點鐘左右抵達新安山莊，周董已在飯店門口迎接。壯壯的身材，短短的頭髮，一副精明幹練的企業家形象。滿臉熱誠，向每一位詩人，伸出友誼的雙手。

分配好房間，第一天晚宴除了表示歡迎外，並未安排任何活動，大概怕舟車勞累，給大家充分休息時間。鄭愁予夫婦住的特大套房附有一間大客廳，因此詩人們在鄭老師的熱誠邀請下，接連兩個晚上，前往其客廳喝茶，由德亮夫人小貓表演泡茶茶藝，眾詩人看得目瞪口呆，簡直看到仙女下凡為詩人泡茶，大家喝得不亦樂乎。同時也親自見證鄭氏的平易近人及熱誠。

第二天早餐過後，周董派車接詩人、陶藝家一行四十多人一同前往參觀「歸園」，並舉行陶藝展開幕式。「歸園」實在美侖美奐，讓人流連再三，眾人或坐、或臥，隨興交流聊天，曬著舒服的冬日暖陽，過了非常美好的一天。台灣詩人，很少如此舒服自在的曬太陽。

晚上朗誦詩會開始，由蘇州企業家聶聖哲主持。聶總風趣幽默，是絕佳的主持人，讓整個朗誦會熱鬧異常。羅門不但朗誦他的刻在地球上最大石頭的長詩〈觀海〉，還可以背誦他的名作〈麥堅利堡〉，令人嘆為觀止。管管則表演得活靈活現，可謂最佳演技獎得獎人，他與羅門、鄭愁予同獲大會頒贈「終身成就獎」。鄭愁予誦詩溫文爾雅，大家典範。大陸詩人同時代誦鄭氏的〈錯誤〉獲得如雷掌聲。汪啓疆以唱歌代替誦詩，掀起另一波高潮。白靈夫婦的〈真的假的〉讓與會詩人體會到誦詩也可以如此生動多變化。

德亮誦詩，夫人表演茶道，神仙眷侶，羨煞在場所有參與詩會的人士。

詹澈的〈貓叫〉特技表演，更是轟動全場。其他落蒂、蕭蕭、林文義、夏婉雲、羅任玲等的朗誦也都各擅勝場。大陸詩人則以新生代為主，他們的朗誦，極力表達了把上一代翻過去的強烈企圖，不像台灣詩人，一直敬老尊賢。

朗誦會之外，就是遊覽當地名勝，如西遞、宏村、牌坊群、老街等，黃山更是必上的景點。剛下完大雪的黃山，松樹間彷彿開著白花，煞是好看。當天溫度雖低，但出了太陽，能見度極佳，詩人們仔細的觀賞了光明頂、飛來石、始信峰、臥雲峰等奇景，羅門老當益壯，一馬當先，令人佩服。

聶總熱誠邀約，十二月九號移師蘇州入住聶總的別墅招待所「好東客棧——波特蘭小街花園別墅」，詩人每人一間大床房或標準房，十分雅緻。十二月十日整天參觀虎丘劍池及斜塔、拙政園、蘇州博物館。晚上乘遊船欣賞蘇州評彈及古城河的五彩燈影，台灣詩人紛紛詩興大發，表示回台之後，要寫下美好的詩篇。

聶總為人海派，熱誠感人，遊船回來，又帶大家去吃蘇州最好的羊肉爐，更以活鮑魚讓台灣詩人口齒留香，一直表示，下次還要再來。十二月十一日上午參觀蘇州絲綢廠，羅門未前往，留在別墅揮毫，留下甚多墨寶，聶總感謝不已。林文義和落蒂未去參觀絲綢廠，留下來由別墅工作人員引領參觀整個別墅花園。對聶總之成功，留下深刻印象。除了我們詩人住宿的招待所不對外營業外，其他很多房子都是設備齊全，只要客人提著簡單行李入住即可，又可在招待所享受每日早餐，我們看到住宿的都是外籍人士在蘇州工作者，有家眷小孩，看他們吃完早餐送小孩坐交通車上外僑學校，臉上洋溢著快樂幸福的光芒。

一個禮拜的「黃山歸園詩會」終於在聶總的熱誠歡送聲中結束。聶總派專車送台灣詩人們至上海浦東機場，飛澳門，轉機回台灣，到台北時已是深夜十一點，雖然辛苦疲憊，但大家心中都是滿滿的喜悅，都覺得不虛此行。

原載《文學人》第四期二〇〇九年二月

139. 我所認識的張默先生

張默先生和洛夫先生、瘂弦先生號稱創世紀詩社創社三元老，在詩壇上早享盛名，可惜我緣淺福薄，直到一九六八年在高師大唸書時，才由江聽平老師邀請張默先生到國文系演講方才得見廬山真面目，並獲贈他的詩集《上昇的風景》。簽名是毛筆草書，每一個同學都非常喜歡。風燈詩社早期社員許藍山因家境貧困，需上家教，無法與會，請我代要乙本張默先生大作，仍然如願獲得。當時我就十分感佩：「怎麼有這樣對詩如此一往情深，熱情如火的詩人？」難怪蕭蕭教授後來編了一本《詩痴的刻痕》評論集，會用「詩痴」兩個字來形容他，真的十分傳神。

前年我受邀接編《文學人》季刊，請年輕學生廖亮羽來幫忙，張默先生初見亮羽即寄詩刊、詩集多冊給她，並在《創世紀詩刊》刊登她的作品及和廖亮羽一起的年輕人詩作。這些年輕人在張默先生的鼓勵之下，組成

「風球詩社」發行《風球詩刊》，並被台灣文學館鄭重推薦展出詩作。我又再一次見證了張默先生愛詩、愛護年輕人提攜後進的長者胸懷。

十年前（二〇〇〇年）我從教職退休後搬來台北，加入「創世紀詩社」，更親眼見證了張默先生心中除了詩之外，沒有其他的功利思想。他住的地方叫「無塵居」，從他數十年來的所作所為，證明無愧於「無塵」兩字，可以說心中除了詩之外，一點塵世的雜念都沒有。這使我想到前面提到的風燈的朋友許藍山，他居住的地方叫「避世居」，可是三十八歲過世之前，卻汲汲營營於世俗的名利。這樣不能忘記名利的人比較多，像張默先生這樣，除了詩之外，沒有其他雜念的人較少，因此，更顯得他的可貴。

近十年來與張默先生相處較多，一起校對詩刊、出席研討會、朗誦會，從就近觀察中，發現他對真理認真執著到六親不認的地步。最近一期《創世紀》就刊載他反駁鄭愁予先生對「創世紀係由海軍政工部門創設」的說法，以及糾正鄭愁予說商禽把「超現實主義」帶到左營，介紹給《創世紀》以擴大調整「創世紀新民族詩型主張的視野」，同時老實不客氣的直指鄭氏的詩作——弔念劉賓雁先生，說是壞詩的示範，根本是散文不是詩，詩壇都為他的公正、不鄉愿，愛詩愛真理，給予熱烈的掌聲。

張默先生更進一步對發掘新人，培植詩壇生力軍十分用心。在編《創世紀詩刊》時，若發現投來的年輕人作品有不錯的表現，立即跟他們聯繫，請多寄幾首作品來，若水準都達到要求，立即以「新人專欄」鄭重推出，許多年輕人因而在詩壇漸露頭角。編詩選也一樣，對新人總是優先選用，尤其對特別傑出的作品。這一點比第一段提到的愛詩更進一層，那是普遍的引進愛詩人。這是比較積極的發現優秀詩人，是專精的挑選，一旦選上可能將來在詩壇可以引領風騷，而且從以往紀錄中考察，他的眼光獨到而精準，很少失誤。

從校對《創世紀詩刊》中，就會發現張默先生把《創世紀詩刊》看得和生命一樣重要。他和辛牧先生先校對過，然後再請辛鬱先生、碧果先生、丁文智先生、陳素英小姐和我校對，當然還有其他詩友偶而參加，但這些人出現的較多。若發現校對有失誤，張默先生馬上不客氣糾正：「落蒂校對不行」，然後告訴我方法，讓我學到不少要領。其實他和辛牧初校之後，已很少有錯字，但他要求儘量做到沒有錯字。二校之後，他和辛牧還有三校，其辛苦可想而知。

張默先生常說他已八十歲了，《創世紀》要辦到六十週年為止，許多詩友都認為可惜，但他說換了別人「創世紀就不是原來的創世紀了」。可見其內心之悽苦。人都會老，會失去工作能力，莫可奈何之事，但他對《創世紀》之深情，由此可見。

張默先生是詩壇前輩，我年輕時的偶像，其實他也不過多我十來歲，但他的成就讓我「仰之彌高」。有時他為了某事生氣或著急，往往桌子一拍，讓我嚇了一跳。

這就是張默先生，心中只有詩，只有《創世紀》，只想把詩寫好，把詩刊辦好。《創世紀》曾停刊一段短時間，他就再辦《水星詩刊》，雖然只有單張的報紙型詩刊，仍培養出如渡也、汪啓疆等傑出詩人，張默先生之能耐，實非常人能及。

原載明道大學張默詩作研討會會刊

140. 榴紅詩會在府城

——二〇一〇台灣詩歌節盛會側記

二〇一〇台灣詩歌節，在國立台灣文學館館長李瑞騰多方奔走，籌措經費，動員全館人力下，終於熱熱鬧鬧在府城展開了。

本次詩會訂名為榴紅詩會，榴者落葉灌木，也叫「安石榴」，仲夏開花，花紅如火，象徵在六月仲夏舉行，詩人們吟詩作賦，熱情如火。果然，地不分北中南，年齡不分老中青，也不管全省到處大雨，都澆不息詩人們心中那股奔騰的狂潮。

六月十二日一大早，北部詩人們就冒雨集合在北平東路的文建會門前，坐上一輛綠色的遊覽車，一路沿著中山高、中二高南下。由於是週末假期，車塞得厲害，走走停停，下午一點半才抵達仁德交流道。匆匆用過午餐，領隊張信吉便帶著大家遊覽參觀奇美博物館及吳園。

奇美博物館收藏甚多名畫及雕塑，眾詩人在導覽員詳細解說下，都獲得很多寶貴的知識，尤其對稀世名畫，都流連欣賞再三，不忍離去。

在參觀時，中部詩人也搭車前來，有許多老朋友見面，互相握手寒喧。有些多年不見的老詩友，見面時更是激動得說不出話來。寶島雖小，有時要見面還真不易呢！

這樣的詩會，還真有意想不到的功能。除了互相觀摩詩藝，分享作品外，增進詩人們的感情，更是交流的重要成就。

六月十二日晚上詩人們住宿在劍橋大飯店，並在飯店二樓舉行盛大的晚宴。此時南部詩人也陸續抵達，又是一番互相招呼，贈送彼此的出版詩集，熱鬧非凡，承辦人羊子喬說他奉館長之命辦理詩歌盛會，一點都不敢懈怠，準備了好幾箱「台灣尚青」的啤酒，準備讓大家暢飲。眾詩人一聽，熱烈掌聲四起，都高呼今晚有詩有酒，「愛喝搭啦！」

晚宴過後，眾詩人一起到飯店八樓即興表演。每人都拿出不為人知的絕活，讓晚會在歌聲、吟詩聲中，不知時光消逝得快，一下子就到了晚上十一點了。工作人員拿出筆、墨、宣紙讓眾詩人揮毫。有人留下了不朽的名句，有人留下了驚世的警語，有人雖只簽了大名，但文學館都將視同珍寶一般的收藏。

第二天，也就是六月十三日一早，用過早餐，眾詩人搭上遊覽車到國立台灣文學館報到，進行本次大會的重頭戲——詩會。

詩會一開始由館長李瑞騰致詞，把他辦詩會所經過的艱辛，詳細的向詩人們報告，贏得眾詩人熱烈的掌聲，畢竟沒有李館長的堅持，沒有全館工作人員的辛勞，這樣的盛會是無法舉行的。

節目表演開始由阿美族詩人阿道・巴辣夫「演詩」，由於沒有文字說明，旁白也很少，大家看的「似懂非懂」，果然像讀現代詩，含蓄而有韻味，原住民的身體語言，本來就是一首讓人著迷的詩，從眾詩人欣賞時專注的眼神就可看出。

接著詩人朗誦自己的作品，主辦單位很用心，把朗誦和表演互相穿插，這樣一來，過程不但流暢而且生動。參加朗誦的詩人分五次出場，他們是黃騰輝、向明、趙天儀、管管、方耀乾、陳金順、林煥彰、龔華、渡也、陳鴻森、尹玲、莫渝、羅任玲、李進文、林德俊夫婦、鍾順文、棕色果、顧惠倩、陳謙、顏艾琳、張默等。詩作經過詩人親自演出，果然不同凡響，將來做成光碟，可以作為學生訓練朗誦的教材。

其他表演的有民歌手簡上仁演唱台語詩，作品是向陽的詩和羊子喬的詩。平面的詩作，一經過簡上仁的演唱，突然立體了起來。尤其向陽的〈做布袋戲的姊夫〉，彷彿走到台前為我們演出「東南派與西北派」，熱鬧非凡。詩人們一定會感受到「詩還是要走到凡間，引起觀眾的共鳴，詩才有生命」。第二個出場表演的是黃冠喜、江庭妤的演詩，演出羅門、趙天儀、陳芳明、黃荷生、陳坤崙、吳晟、鍾順文等詩人的詩作。本來只由眼睛看作品，現在加上生動的音樂、舞蹈、聽覺的加入，突然立體了起來，彷彿戴上3D眼鏡讀詩一般，讓人著迷。

第三個表演者由黃瑋傑演唱客語詩，作品由張芳慈、杜潘芳格、利玉芳三位詩人提供。大家雖然有聽沒有懂，但還是趣味盎然，神情十分專注的欣賞。

第四個表演者由吳志寧演唱華語詩，作品由吳志寧的父親吳晟提供。吳晟兒子把父親為子女「負荷」的心情，充分表現出來。吳晟在台下感動得老淚縱橫，畢竟看到兒子長大、傑出，同時又能體會出父親當年寫作此詩的心情，想來心中一定五味雜陳。許多詩友紛紛向吳晟道賀，除了吳志寧的成就外，女兒吳音寧的成就也有目共睹，吳晟應該是「含淚的微笑」吧！

第五個表演的是林梵提供詩作「雛菊」，廖末喜編舞演出，兩位女舞者，把林氏的作品演得十分有味，可惜未能有詩作字幕作旁白，否則更加完美。

詩會結束後，文學館為「大學青春詩展、台灣現代詩刊及詩集展」聯合舉行開幕式。首先由李瑞騰館長表示歡迎詩壇名家把他們的手稿、著作珍藏捐給館方保存，館裡設備可提供最好的收藏環境，恆溫設備，不會損壞珍貴的收藏品，請大家踴躍提供珍藏。

最後引導大家參觀展出，許多已絕版的詩集、詩刊都陳列出來，讓眾詩人一面參觀，一面回憶當年是如何的篳路籃褸，才有今天詩壇的熱鬧景象，展出的場面讓人感動。

大家參觀到「大學青春詩展」時，都為詩壇傳承有望而欣喜，誰說今天的青年是草莓族、水蜜桃族？他們的創作力強勁，他們的幹勁更是驚人，

《風球詩刊》已出刊到第四期了，編印精美，詩作可讀者不可勝數，要有源頭活水，詩壇才能生生不息，這群大專青年，正是一條活水，文學館能以如此鮮明的版面介紹他們出場，眾詩人都紛紛表示贊賞，希望年輕詩人不怕寂寞，學習前輩詩人的精神堅持下去，對這次的展出，以實際成就做為回饋。

參觀完畢，眾詩人在用過府城小吃、名點之後，搭車北返，紛紛互道珍重，期待再相逢，兩天一夜的府城之旅，榴紅詩會，終於劃下句點。

原載99、6、20台時副刊

141. 詩人的精采人生

——張默《八十壽慶學術研討會》側記

二〇一〇年度「濁水溪詩歌節」的重頭戲就是替詩人張默舉辦對他的詩作、編詩刊、編詩選、推動詩運等重大貢獻所做的學術研討會。

十月一日早上八點，陳憲仁教授就開車到高鐵烏日站接壽星張默，同行的辛鬱、落蒂、陳素英也都沾了張默的光，覺得倍受禮遇。

一路上，陳先生不斷介紹中部風光。進到明道大學校園，詩人更對校園佔地寬廣，環境十分幽美，建築頗有特色，讚不絕口。

開幕典禮由明道大學陳世雄博士主持，典禮中邀請詩人吳晟、渡也和唐原做詩歌朗誦。詩人吳晟讀了一首年輕時的情詩，希望改變他鄉土詩人的形象，要大家從此稱他是「浪漫的鄉土詩人」。渡也和康原的朗誦非常吸引全場人士凝神諦聽。明道學生的朗誦、胡琴演奏及小朋友的竹板快書，增加開幕式的活潑性、生動性。

開幕式過後，由中文系羅文玲主任引導大家參觀追風詩牆。詩牆上製作了多位著名詩人的小詩，配上頗有意境的插圖，博得眾多參觀人士的喝采。此詩牆之所以定名「追風」，乃是因為台灣新詩第一首詩，經過考證是謝春木（一九〇二—一九六九）所寫，他的筆名就叫追風，有紀念新詩的源頭之意。

台灣早期詩人追風、王白淵、賴和、楊華和翁鬧等都有作品展出，大陸詩人冰心、戴望舒、卞之琳以及旅台詩人胡適、紀弦、周夢蝶、管管、張默、商禽、瘂弦、鄭愁予、辛鬱、席慕蓉等也都有詩作被選。光復初期從日文轉回中文寫作的錦連、林亨泰也沒被遺漏。中生代的傑出詩人蕭蕭、康原、渡也、向陽等更不讓前輩專美於前，也都展出了大作。參觀者對詩人的作品都表示濃厚的興趣，紛紛拿起相機拍照留念。

大會於上午十時由陳啓佑（渡也）教授主講「論張默新詩節奏」開始，正式進入重頭戲。參與討論、發表論文、講評的學者眾多，按出場順序，他（她）們是：陳憲仁、陳素英、吳惠珍、陳韻琦、李翠瑛、史言、劉益州、陳啓佑、丁旭輝、張之維、蕭水順、解昆樺、白靈、余境熹、陳政彥、徐偉志、陳義芝、辛鬱、落蒂等，有同時發表論文兼講評者，有主持人兼講評者，此處為節省篇幅就不再重覆。

論文中對張默詩作的成就紛紛表示讚賞，幾乎把張默詩作中的音樂性、圖畫性、哲學性挖得很深，探得很廣，讓壽星張默十分感動，他說：「我只是真誠的寫詩，單純的寫詩，想不到我的詩，在專家們的眼中竟有那麼神奇的好，除了感謝，還是感謝。」

座談由辛鬱主持，落蒂、陳素英、白靈、陳義芝等人發表對張默的印象。因書面資料已先書寫印發給聽眾，因此參與座談的人，都開放了大角度，從各方面去談張默對詩的熱誠、執著、特色去發揮，內容生動精采，不亞於論文者的論述。

十月二日早上，由校方安排創世紀詩人及香港學者參觀田尾公路花園和吳晟新近落成的圖書館。田尾公路花園的花藝令人讚嘆，每一株盆景，經花農用心栽培，匠心巧妙雕琢，簡直都是一首詩，壽星張默和眾詩人一面欣賞，一面讚美，對明道大學的用心安排，都心存感謝。

十點左右，一行人到了吳晟的三合院，純樸的農人、農舍，四周都是稻田，吳晟的圖書館就鶴立雞群的站在幾棵大樹下。一行人從一樓往上參觀，直上三樓，竟不必爬樓梯，原來是吳晟巧妙設計了斜坡步道，即使行動不便的人士，也可以坐輪椅直上三樓，十分有「愛心」，不論誰來參觀他的圖書館，都不會不方便。名詩人瘂弦就曾在圖書館三樓中住了兩天，很欣賞吳晟能坐擁書城。

館中有許多絕版書籍，最令人讚嘆的是吳晟的「手抄本」，一字不苟的書寫，把早年台灣禁書「三十年代」文學，用手一字一字抄下來，難怪他的文學造詣如此之深，榮獲吳三連文藝獎等多項文學獎。他說：「這些手抄本，由於抄時十分專注，竟連一個錯字也沒有。」十分神奇。

告別詩人吳晟，張默等一行創世紀詩人到彰化縣文化局做詩歌朗誦。由張默、辛鬱、方明、陳素英四位創世紀詩人分別朗誦個人的詩作。四位詩人的詩各有特色，在各自超高的朗誦技巧下，更顯得悅耳動聽。張默還在朗誦之外，介紹了爾雅新書，曹又方女士的兒子李煒寫母親的新著（４４４４）內容設計十分別緻。希望好書「大家告訴大家」。辛鬱外加小調清唱，方明的廣東話、法語朗誦，音色幽美，很是好聽。最獨特的是陳素英朗誦加配樂，讓詩更加立體起來，很有特色，難怪只要有詩朗誦會場合，陳素英都不會缺席，因為主辦單位一定先想到她。真是名符其實的「創世紀的輝煌」。

送走了香港學者，蕭蕭和羅文玲主任又辛苦的把一行創世紀詩人送到烏日高鐵站，回到台北，才六點零六分，有快速交通工具的幫忙，一如飛鳥，一下子飛東，一下子飛西，但不論如何到處飛行，壽星張默對這次的壽慶學術研討會，一定感到十分窩心溫暖，所有與會人士，對詩人張默精采的人生，除了祝福之外，更是深深的羨慕和仰慕。人生如此，夫復何求？在「無塵居」用心編詩、寫詩的張默，心中將更加澄明了。

原載二〇一〇年十二月《創世紀詩雜誌》第165期

142. 亂石崩雲　驚濤裂岸

一九六四年我從南師畢業，返鄉任教之前與雲影分手，沒有任何理由，我整個人陷入一片虛空之中。對我與雲影建立的感情世界，在瞬間崩塌，我一直無法釋懷。

直到一九八〇年我加入風燈詩社，在與詩友唱和之中，「木棉花」的意象突然跑進了我的腦海。我在短短的三分鐘內，寫下了〈木棉花〉這一首詩。

木棉花

整個城市
彷佛一夜之間
長滿了木棉花

這些木棉花
彷彿一夜之間
落盡了所有的葉子
這些葉子
彷彿一夜之間
開滿了花
這些花
彷彿一夜之間
到處飄零
這個世界
彷彿一夜之間
旋轉了起來

（原載風燈詩刊收入《春之彌陀寺》乙書中）

這首詩寫成之後，風燈詩友紛紛叫好，尤其劉希聖更以「坐太空梭」

來形容我在詩藝方面的進境。

之後某日，羊令野到嘉義尹凡處，我特以〈木棉花〉乙詩請教令公。令公說他不敢說我的詩沒有受別人的影響，但他讀後頗有「亂石崩雲，驚濤裂岸」的感覺。於是拿起筆在宣紙上寫下了這幾個字送給我。我對令公的文人字特別欣賞，乃進一步要求令公把〈木棉花〉寫成橫幅送給我。他寫著寫著，寫到最後三行他把次序調了一下：「彷彿一夜之間／這個世界／旋轉了起來」，問我意見如何？我一看，果然一經更動，震撼力更加百倍。這兩份墨寶至今依然珍藏，只是令公仙逝，忽忽已十年兮，令人十分懷念他愛護後輩之心。

一九八三年九月二十五日《詩友季刊》在北港舉行詩的討論會，我就拿出〈木棉花〉這一首供評鑒。

受邀詩友中，部份遠道不便，只提供筆談，例如張默就十分欣賞〈木棉花〉的氣氛釀造和節奏：「節奏也是一首詩的靈魂，如〈木棉花〉，作者以『彷彿』二字做寫作引字，貫穿全詩，使其活潑而自然的流動。」

喬林也以筆談方式與會：「〈木棉花〉用的是表現主義的手法，在凝定的視野中，將現實形象化，冷靜中透露著澎湃的情思。落蒂的詩，一如小河流水輕微水聲，在彷彿靜止的時間裡，潺潺的進行內心對談。每一首詩是一則故事，但都欲言又止，極盡朦朧，令人遐思，這種情思和筆法，在現代詩發展中，已成一種典型。」

參與筆談的名家之外，與會人士包括渡也、楊子潤、歐團圓和石頭等風燈詩友。楊子潤未對〈木棉花〉表示意見，渡也認為「末三句動機不明」，歐團圓認為「句句蘊含著生活捶煉出來的生之悲涼。」而石頭對〈木棉花〉特別欣賞：「最後的『旋轉』我認為用得很好，它有一種旋轉、醉態、舞蹈……等動感意思，若刪去全詩就顯得很乏味。」

這樣的討論會已二十年前的往事了，不管各家看法如何，〈木棉花〉在我心中，永遠有它的重量，它代表我努力經營的「初戀」，在傾刻間「如樓塌了」！不明原因的人讀起來有頭痛欲裂的感覺，如昨天（二〇〇四年九月十四日）中午，我和陳建宇在一家西餐廳用餐，他還是念念不忘〈木棉花〉那首詩：「我認為你的〈木棉花〉是你作品中最好的，我每次讀起來都有頭痛欲裂的感覺。」建宇如今已是人生禪的一代宗師，開設無數講堂為眾生解惑，可是對老朋友的詩作，仍然「頭痛欲裂」，難怪令公說有「亂石崩雲，驚濤裂岸」之惑。

年過六十，早出過痲疹，對世間事早有「一驚一瞥／如露亦如電」（引自陳建宇詩〈十三隻鳥8〉）。凡塵種種，已煙消雲散或不能煙消雲散，有時非平凡如我者所能掌控。然而，木棉花年年依舊長葉、落葉、開花、落花，我的世界是否依然在旋轉？不可說，不可說。

原載二〇〇五年二月葡萄園詩刊165期

143. 瀟洒浪漫詩國行

十七歲喜歡上了新詩，但四十幾年來卻寫得斷斷續續，中間跟我的寫作習慣大有關係。

第一段時間寫了三年，從一九六一年到一九六四年為止，出版了一本情詩集《煙雲》（約在二十年後才由北港青草地出版）。那時深受存在主義的影響，尤其喜歡「失落的一代」這個名詞。當時最心儀的作家是海明威，知道他每一個創作階段都有一段戀愛。年輕的我，有樣學樣，也想來段轟轟烈烈的愛情，果然在愛情的激素下，寫得十分勤快，也很有收穫。不過，戀情一結束，雲影（也叫夢影）離我而去，我的詩幼苗也夭折了。

關於「失落的一代」也與我的筆名有關，這點我很少提及，「落蒂」乃來自「失根」之意。不過，後來參加一個文藝講習班，與文曉村、賈玉華、應平書、林錫嘉、郁馥馨、吳娟瑜……等同組，他（她）們竟叫我楊公公。哈！原來還可以延伸得如此有趣。一九八〇年左右，遇到風燈的朋友，才又開始第二階段的寫詩生活。好友固定相約風景名勝區聚會，住在飯店，聊個沒完。每次朋友們都提出自己的作品，互相品評討論一番。當時大家所知雖有限，但集眾人之智慧，也激盪出一些作品。這些作品就是後來由雲林文化中心出版的《春之彌陀寺》。

不久，風燈詩友星散，我的詩生活又告停頓，仔細想想還是跟我的寫作習慣有關，即喜歡群聚，喜歡唱和，我沒有辦法像張愛玲「閉門寫作」，不見任何人。甚至沒有朋友互相鼓勵，我一首詩也寫不出來。

就這麼著一停又不知過了多少年，直到有一期葡萄園刊出「李春生的遺作」和文曉村的預作「遺言詩」，才恍如被敲了一棒。這次的猛省，就沒停過了，一直有詩作在《葡萄園》發表。這又和我的寫作習慣有關，需要刺激。平靜如水的生活，一天過一天，不知不覺就過了十幾二十年，太恐怖了。這是我第三階段的寫作。

這段時間因旅行的關係，寫了不少的旅遊詩。旅遊所見所聞，必有所感，也是刺激寫作的一種方法，現在我已形成習慣，每到一個地方，必定寫詩記之。如當時沒有寫或寫不出來，也會一直在心中醞釀，直到找到詩為止。這本詩集就是後來由南市圖書館出版的《詩的旅行》。

後來從教職退休，閒來無事，看看寫寫，自己戲稱「老人娛樂」。老人當然更需要朋友，而詩人朋友卻大都住在北部。以往住在北港，許多重要的詩會、研討會都因時空不允許而未參加，這次把心一橫「搬家」，搬到中和來了。

很幸運的，我搬到中和後，住家附近的中和公園竟然蓋起一座規模很大的「中央圖書館台灣分館」，這下子有福了。我寫論文需要參考的書籍，應有盡有。不寫時借來看看，時間也容易打發。更幸運的是有幾個報刊主編約我寫「賞析」專欄，習慣被逼的我，又被逼出許多作品來。

其實很多人跟我一樣，喜歡寫作，但沒有人「逼」，好不容易寫成的稿子寄出去，又不知會不會石沉大海？寄了幾次沒有消息之後，心都涼了，怎麼還會再寫？而且現在許多刊物都有「企劃編輯」的習慣，剩下的版面讓投稿人投稿，就很有限。想要別人「逼」你寫，又要有一定的知名度，我自己知道這種習慣很不好。於是改了，改成自己逼自己，自定一個寫作目標，比如最近我就自己規定自己要「詩寫台灣」。要寫就要出去看，有時甚至去住在那裡。以苗栗南庄為例，我就到東河鵝公髻山腳下向一位朋友借山中小屋住了很長的一段時間。有時回去台北開會，沒事又去了，這中間帶相機亂逛胡拍，嘿！居然也有報紙副刊喜歡，以整版配圖刊出，這種鼓勵是強而有力的寫作動力。但你自己不逼自己，誰來逼你？

我自知自己懶散、沒有旺盛的企圖心，寫作習慣看似瀟洒浪漫，其實毫不足取，不過寫下來供朋友參考，不要重蹈轍。要自己養成好的獨特的寫作習慣才會有所成就，尤其不可寫寫停停，年一過往，追悔就莫及了。

原載二〇〇五年十一月葡萄園詩刊168期

144. 附錄：本書作者寫作年表

・一九四四年生於嘉義縣新港鄉大潭村。
・一九五七年新港國小畢業。
・一九六〇年嘉義中學初中部畢業，九月進入嘉中新港分部就讀。
・一九六一年七月重考南師，九月進入南師，開始發表習作於校刊。
・一九六二年開始在南市『青年天地』發表習作。
・一九六三年在『野風』發表習作。
・一九六四年南師畢業，分發嘉義縣社團國小服務。
・一九六五年在『中華副刊』、『中央副刊』發表習作。
・一九六七年服務國小三年期滿，參加聯考，進入高雄師大英語系就讀。
・一九六八年在『作品』、『葡萄園詩刊』發表習作。
・一九七一年高師大畢業，分發省立民雄高中服務。

•一九七二年服預官役。

•一九七四年八月退伍，進入省立北港高中服務。

•一九八〇年加入風燈詩社，作品開始在各報章雜誌發表。七月應邀擔任台南市文藝營指導老師。

•一九八一年四月出版《中學新詩選讀——青青草原》（青草地出版），七月應邀擔任台南縣文藝營指導老師；十月出版詩集《煙雲》。

•一九八二年七月擔任雲林縣文藝營指導老師；十一月出版散文集《愛之夢》，十二月創辦『詩友季刊』，前後出版十三期；詩作入選《感月吟風多少事——百家詩選》（張默編）、詩作入選《葡萄園二十年詩選》（文曉村編）。

•一九八三年詩作入選爾雅版《七十一年詩選》（張默編）。七月應邀擔任中部五縣市文藝營指導老師。

•一九八四年詩作入選爾雅版《創世紀詩選》（瘂弦等編）

•一九八五年詩作入選爾雅版《七十三年詩選》（向明編）

•一九八六年詩作入選爾雅版《七十四年詩選》（李瑞騰編）及文史哲出

版社出版《中華新詩選》（新詩學會編）

・一九八七年三月應『台灣日報』邀請撰寫青少年專欄「讀星樓談詩」，時間一年，每週一文。五月詩作入選張默編著：《小詩選讀》（爾雅出版社）

・一九八八年詩作入選文史哲版《中華新詩選粹》『新詩學會編』

・一九九二年詩作入選《葡萄園三十年詩選》（文曉村編）

・一九九四年六月出版《春之彌陀寺》（雲林縣文化中心）

・二〇〇〇年二月自北港高中退休。六月獲「詩運獎」；六月起在『國語日報』撰寫「新詩賞析」專欄。十一月隨文協訪問團赴北京、湖南、四川、廣西訪問。

・二〇〇一年三月起在『台灣時報』副刊撰寫「讀星樓談詩」專欄，四月應邀擔任新詩學會優秀青年詩人獎評審。九月隨文協訪問團赴北京、新疆訪問。十二月出版評論集《兩棵詩樹——詩神的花園》（與吳當合著，爾雅出版社）

・二〇〇二年六月出版《落蒂短詩選》（列入中外現代詩名家集萃台灣詩叢系列29中英對照版），六月獲中華民國新詩學會頒贈「詩教獎」，八

月詩作入選葡萄園四十周年詩選《不惑之歌》（台客編），十一月詩作入選文史哲版《中國詩歌選》（潘皓編）

・二〇〇三年二月出版評論集《詩的播種者》（爾雅出版社）；五月獲中國文藝協會「文學評論獎章」；五月詩作入選爾雅版《九十一年詩選》（白靈編）；九月應世界日報主編林煥彰之邀在『湄南河副刊』撰寫「小詩賞析」專欄；九月赴珠海參加「第八屆世界華文詩人會議」；十一月加入《創世紀詩社》

・二〇〇四年四月應國語日報邀請為「古今文選」賞析名詩人名詩。六月詩作入選《二〇〇三台灣詩選》（向陽編）：十一月應邀赴泰國曼谷為泰華詩人專題演講。十二月應邀評審台北市「高中職詩歌朗誦比賽」決賽。十二月詩作入選「水都意象——高雄」（高雄廣播電台主編）

・二〇〇五年七月出版《追火車的甘蔗囝仔》（生智文化出版），四月應邀擔任文藝協會新詩獎章評審；五月擔任雲縣私立正心中學新詩大獎評審。十二月出版《詩的旅行》（台南市立圖書館出版）

・二〇〇六年三月隨文協訪問團赴北京、江西、貴州、廣西訪問。六月應邀擔任新詩學會《詩報》編輯，七月應邀至廣州參加「第十一屆世界華文詩人會議」。八月應邀擔任文協「青年文學獎」評審。十二月應邀評審台北市「高中職詩歌朗誦比賽」決賽。

‧二〇〇七年三月隨文協訪問團赴北京、四川、安徽、浙江等地訪問。並參與在北京現代文學館舉行的綠蒂詩作研討會。五月應邀擔任台北縣林家花園詩獎評審，六月詩作入選《二〇〇六年台灣詩選》（焦桐編），六月應邀撰寫中華副刊「讀星樓小品」專欄。十月應邀參加華山古坑咖啡詩朗誦。十二月應邀評審台北市「高中職詩歌朗誦」決賽。

‧二〇〇八年四月出版散文集《山澗的水聲》（文史哲出版社）。五月應邀擔任文協《文學人》主編。九月應邀參加「兩岸文化協商會議」台灣代表團，赴澳門開會。十二月應邀參加「黃山第一屆國際詩會」。

‧二〇〇九年六月詩作〈一朵潔白的山茶花〉入選《2008台灣詩選》（向陽編）。九月應邀至明道大學參加「管管詩作討論會」發表論文。十二月應邀評審台北市「高中職詩歌朗誦比賽」決賽。

‧二〇一〇年五月詩作〈紅毛城〉入選《2009年台灣詩選》（陳義芝編），

六月應邀至國立台灣文學館參加「榴紅詩會在府城」。十月應邀至明道大學參加「張默詩作研討會」暢談「張默的精彩人生」，論文〈野渡無人舟自橫——張默論〉發表在《文學人》第11期二〇一三年五月號。十一月應邀至福建媽祖文化節朗誦詩作。月中與詩人林煥彰應王潤華教授之邀赴元智大學談詩。十二月應邀擔任第30屆世界詩人大會顧問。

・二〇一一年二月詩作〈茶香飄進詩境〉入選《2010年台灣詩選》（蕭蕭編）。四月出版詩評集《尋找詩花的路徑》（文史哲出版社）。六月應邀至台南國家文學館參加「榴紅詩會在府城」，並誦詩。九月出版詩評集《六行寫天地——泰印華人新詩美學》（文史哲出版社）。

・二〇一二年二月詩作〈廣場〉入選《2011年台灣詩選》（焦桐編），二月出版詩評集《大家來讀詩》（文史哲出版社），五月詩作入選內政部營建署一〇二年國家公園週創新遊憩系列活動30秒行銷短片。六月出版散文集《落蒂散文集》，六月散文入選《一定會幸福——聯副50個最動人故事》，六月應邀台南國家文學館參加「榴紅詩會在府城」，並誦詩。（文史哲出版社），七月「台灣工藝發展中心」邀請為《紅豆愛染》詩選寫詩。八月國家圖書館要求捐贈創作手稿。九月出版詩評集《靜觀得海拍天浪──台灣新詩人論》（文史哲出版社）。十一月出版《台灣之美》詩寫台灣（新北市文化局出版）。

・二〇一三年三月詩作〈短章〉入選《2012 年台灣詩選》（白靈編），出版散文集《落蒂小品集》（文史哲出版）。同月獲台南大學傑出校友。